O Mistério da Cruz na atual Transição Planetária

CB131323

Livros de Trigueirinho

— 1987 —
- NOSSA VIDA NOS SONHOS
- A ENERGIA DOS RAIOS EM NOSSA VIDA

— 1988 —
- DO IRREAL AO REAL
- HORA DE CRESCER INTERIORMENTE *(O Mito de Hércules Hoje)*
- A MORTE SEM MEDO E SEM CULPA
- CAMINHOS PARA A CURA INTERIOR

— 1989 —
- ERKS — *Mundo Interno*
- MIZ TLI TLAN — *Um Mundo que Desperta*
- AURORA — *Essência Cósmica Curadora*
- SINAIS DE CONTATO
- O NOVO COMEÇO DO MUNDO
- A QUINTA RAÇA
- PADRÕES DE CONDUTA PARA A NOVA HUMANIDADE
- NOVOS SINAIS DE CONTATO
- OS JARDINEIROS DO ESPAÇO

— 1990 —
- A BUSCA DA SÍNTESE
- A NAVE DE NOÉ
- TEMPO DE RETIRO E TEMPO DE VIGÍLIA

— 1991 —
- PORTAS DO COSMOS
- ENCONTRO INTERNO *(A Consciência-Nave)*
- A HORA DO RESGATE
- O LIVRO DOS SINAIS
- MIRNA JAD — *Santuário Interior*
- AS CHAVES DE OURO

— 1992 —
- DAS LUTAS À PAZ
- A MORADA DOS ELÍSIOS (1992-1995)
- HORA DE CURAR *(A Existência Oculta)*
- O RESSURGIMENTO DE FÁTIMA *(Lis)*
- HISTÓRIA ESCRITA NOS ESPELHOS *(Princípios de Comunicação Cósmica)*
- PASSOS ATUAIS
- VIAGEM POR MUNDOS SUTIS
- SEGREDOS DESVELADOS *(Iberah e Anu Tea)*
- A CRIAÇÃO *(Nos Caminhos da Energia)*
- O MISTÉRIO DA CRUZ NA ATUAL TRANSIÇÃO PLANETÁRIA
- O NASCIMENTO DA HUMANIDADE FUTURA

— 1993 —
- AOS QUE DESPERTAM
- PAZ INTERNA EM TEMPOS CRÍTICOS
- A FORMAÇÃO DE CURADORES
- PROFECIAS AOS QUE NÃO TEMEM DIZER SIM
- A VOZ DE AMHAJ
- O VISITANTE *(O Caminho para Anu Tea)*
- A CURA DA HUMANIDADE
- OS NÚMEROS E A VIDA *(Uma Nova Compreensão da Simbologia Oculta nos Números)*
- NISKALKAT *(Uma Mensagem para os Tempos de Emergência)*
- ENCONTROS COM A PAZ
- NOVOS ORÁCULOS
- UM NOVO IMPULSO ASTROLÓGICO

— 1994 —
- CONFINS DO UNIVERSO *(Novas Revelações sobre Ciência Oculta)*
- BASES DO MUNDO ARDENTE *(Indicações para Contato com os Mundos Suprafísicos)*
- CONTATOS COM UM MONASTÉRIO INTRATERRENO
- OS OCEANOS TÊM OUVIDOS
- A TRAJETÓRIA DO FOGO
- GLOSSÁRIO ESOTÉRICO

— 1995 —
- A LUZ DENTRO DE TI

— 1996 —
- PORTAL PARA UM REINO
- ALÉM DO CARMA

— 1997 —
- NÃO ESTAMOS SÓS
- VENTOS DO ESPÍRITO
- O ENCONTRO DO TEMPLO
- A PAZ EXISTE

— 1998 —
- CAMINHO SEM SOMBRAS
- MENSAGENS PARA UMA VIDA DE HARMONIA

— 1999 —
- TOQUE DIVINO
- AROMAS DO ESPAÇO
- NOVA VIDA BATE À PORTA
- MAIS LUZ NO HORIZONTE
- O CAMPANÁRIO CÓSMICO
- NADA NOS FALTA
- SAGRADOS MISTÉRIOS
- ILHAS DE SALVAÇÃO

Publicados pela Editora Pensamento (Brasil) e pela Editorial Kier (Argentina)

Trigueirinho

O Mistério da Cruz na atual Transição Planetária

Editora Pensamento
São Paulo

Copyright © 1992 José Trigueirinho Netto.

Os recursos gerados pelos direitos
autorais de todos os livros de Trigueirinho
são revertidos na construção e na manutenção
de centros espirituais que não se vinculam
a instituições, organizações, seitas
ou entidades de qualquer tipo.

Edição	O primeiro número à esquerda indica a edição, ou reedição, desta obra. A primeira dezena à direita indica o ano em que esta edição, ou reedição, foi publicada.	Ano
2-3-4-5-6-7-8-9-10-11		00-01-02-03-04-05

Direitos reservados
EDITORA PENSAMENTO LTDA.
Rua Dr. Mário Vicente, 374 – 04270-000 – São Paulo, SP
Fone: 272-1399 – Fax: 272-4770
E-mail: pensamento@snet.com.br
http://www.pensamento-cultrix.com.br

Impresso em nossas oficinas gráficas.

Esclarecimento

Esta obra é fruto do trabalho de um grupo que, nos níveis internos da vida, atua sob a égide de Hierarquias; é uma resposta que o Mundo Interior envia ao apelo por ensinamentos que, de maneira sempre renovada, possam indicar o Caminho para a Luz. Trazendo sementes dos tempos vindouros, deixa-as disponíveis aos seres cuja consciência deve tornar-se solo fecundo para as transformações que prenunciam a nova Terra.

Os que trabalham como canais para a captação e a materialização destes textos sabem que nada mais são que intermediários, e gratidão é o que silenciosamente exprimem pela oportunidade de altruistamente servir.

Que o leitor devoto da Verdade, despojado de conceitos e expectativas, penetre as trilhas da revelação interior. Encontrará aqui chaves para os portais que existem nesse Caminho.

Trigueirinho

Dedicado àqueles que, estando no mundo das formas, horizontal, abrem-se à Luz que sobre eles desce em vertical.

Que possam efetivar em seu centro, e no centro dessa Cruz, a redenção da matéria — promessa dos tempos vindouros.

Índice

Iniciações hoje

Epílogo

CRUZ E ETERNIDADE

Apresentação

É visível o processo de "crucificação" pelo qual o planeta está passando, mas quem sabe ler nas entrelinhas da crônica fatalista e caótica dos dias de hoje percebe o fluir de uma seiva que é a essência da nova vida. Ao compreender mais profundamente tal realidade, o homem começa a compartilhar dessa energia que move a grande e iminente transformação planetária, e, agindo em prol dessa transformação, a ela dedica-se por inteiro.

A transição da Terra já teve início, e culminará com o seu renascimento espiritual. A Hierarquia planetária[1] e aqueles que a ela estão coligados empenham-se devotadamente na realização da meta prevista para esta época, que inclui a superação de um estado de letargia e obscurecimento, e a condução do planeta e dos seres que nele habitam a um nível de consciência mais elevado. Inevitáveis, todavia, são as "dores" do parto que trará à luz essa vida renovada.

Uma energia de poder e beleza ocultos, de irradiação silenciosa, porém resoluta, permeia cada partícula do universo planetário,

---

[1] **Hierarquia planetária**. Consciências que, a partir de níveis profundos, conduzem a vida planetária à consecução do seu propósito espiritual.

penetra toda abertura que acolha o fulgor que dela emana. Com seu inefável amor renova tudo o que toca e, como o fermento no pão, multiplica as virtudes dos seres para que por meio delas alimentem de luz esta Terra sofrida.

O homem não pode eximir-se de equilibrar os erros que cometeu. Entretanto, quando, ainda que relativamente, ele se rende à verdade, o Espírito[2] envia-lhe impulsos de luz, de amor, de paz e de sabedoria. Se recebidas com gratidão, essas energias lhe ensinarão a colher flores das rochas e a transformar com sua beleza a face da Terra.

Quando o homem, por escolha consciente, conduzir à "crucificação" sua natureza humana impregnada de egoísmo, vaidade, orgulho, desamor e soberba, permitindo que a vida pura imanente ao seu ser interior se expresse com liberdade, ele começará a conhecer a Bem-Aventurança, tesouro imaterial que nada do mundo pode profanar.

A dualidade ainda predominante na vida externa da superfície da Terra, dualidade causadora de tantos conflitos, é utilizada em meio ao caos e à desarmonia como instrumento de prova e de aprendizado para o ser humano, trazendo-lhe incontáveis oportunidades de elevação. Na época de hoje, reapresenta-se-lhe o chamado ao reencontro com a Fonte inesgotável de vida. Emitido desde o início dos tempos, permaneceu ecoando eras a fio, intensificou-se com a encarnação do Cristo[3] há dois mil anos, e agora rompe os obstáculos impostos pelo individualismo, buscando ressoar no íntimo de cada ser.

Três grandes portais abrem-se àqueles que respondem a esse chamado, marcando o início do caminho que levará os homens a

---

[2] **Espírito**. Núcleo de consciência do ser nos níveis cósmicos da manifestação; mônada.

[3] **Cristo**. Entidade cuja consciência alcança a realização divina para um ser; em Jesus, exprimiu a energia do Segundo Raio Cósmico de modo singular e em grau nunca antes atingido na face da Terra. Muitas vezes o termo Cristo refere-se a essa energia em si, e não necessariamente à Entidade que a manifestou.

integrar-se definitivamente ao reino espiritual. No decorrer da evolução, todos deverão transpor esses portais. O que há de extraordinário nessa oportunidade de hoje é que, ao cruzar o primeiro deles, o caminho para os seguintes torna-se mais breve.

Esses três portais preliminares correspondem:

- à elevação da atividade do homem, de modo que seja conduzida cada vez mais pelo seu ser interno;
- à purificação da parcela do seu ser relativa às emoções, e canalização do desejo para a vida espiritual, transmutado em aspiração;
- à focalização da mente na luz da alma[4], que por sua vez terá alcançado uma sintonia clara e inabalável com a luz da mônada[5].

Assim, inicialmente, o ser interno, por intermédio da alma, começa a estabelecer controle sobre sua expressão física, material, procurando reger as ações externas da personalidade.. O grau em que essa condução ocorre é compatível com a receptividade encontrada. Muitos, observando os fatos de sua própria vida, podem comprovar que esta já é, na verdade, dirigida por uma vontade maior, transcendente, vontade que age de maneira invisível, guiando seus passos a destinos impensados.

Após ter conseguido certo controle sobre as ações da personalidade, o ser interno o vai estendendo aos corpos emocional e mental, até assegurar que a personalidade, como um núcleo coeso, responda confiavelmente aos impulsos espirituais nos três níveis do seu viver humano. Nesse ponto, é atribuída a esse indivíduo alguma

---

[4] **Alma**. Núcleo de consciência do ser, que se manifesta no nível causal. Atualmente, sua polarização traslada-se gradativamente do nível mental abstrato para o intuitivo.

[5] **Mônada**. Núcleo de consciência do ser nos níveis cósmicos da manifestação; Espírito.

tarefa em colaboração com a Hierarquia. Por meio do serviço, sua consciência ascende rapidamente, e a partir de certo estágio pode-se dizer que deixa de pertencer ao reino dos homens: firmou sua filiação à Fonte de vida espiritual, e nela encontrou sua morada. Como servo da Luz, seus passos são ditados pela necessidade, seu caminho é traçado em direção aos que carecem de Luz. Segundo HPB[6], na Tábua da Esmeralda encontrada por um Iniciado *sobre o corpo* de Hermes, lia-se:

> *Separa a terra do fogo, o sutil do grosseiro ... Ascende ... da terra ao céu, e depois torna a descer à terra.*

A capacidade de total doação é uma virtude da mônada. Mas poucos são os seres humanos que exprimem cristalinamente a energia do nível monádico. Nos dias de hoje, a grande maioria nem ao menos despertou para a vida da alma, e somente um pequeno, mas significativo número deles consegue refletir a vontade desse seu núcleo mais elevado. A oportunidade oferecida nestes tempos estende-se a todos. Cada qual em seu nível evolutivo experimenta um impulso à ascensão. À medida que a própria entrega se aperfeiçoa, e cada vez que o ser renuncia a um aspecto ultrapassado, ele passa a viver uma crucificação e, conseqüentemente, a renascer.

Existem muitos graus de crucificação, porém esse termo é usado esotericamente para exprimir um estado específico, em que a essência dos três corpos se fundiu no corpo da alma, e esta, buscando aproximar-se à energia espiritual e divina, "crucifica-se" a si mesma, ou seja, renuncia a tudo o que diga respeito ao seu próprio nível de existência. Assim, "morrendo" para o que é conhecido, re-

---

[6] **Helena Petrovna Blavatsky** (1831-1891). Mística que teve como uma das suas tarefas apresentar aos homens uma base da sabedoria oculta, permitindo-lhes realizar uma síntese das diversas tendências espirituais do planeta. Essa base prepara, desde o século passado, o surgimento de uma unidade mental entre os homens da superfície da Terra. O trabalho de HPB inaugurou uma fase de maior proximidade da Hierarquia à vida desta humanidade.

nasce para a nova vida, a vida espiritual. Por isso, a Iniciação[7] simbolizada pela crucificação é também vista como a Iniciação da grande renúncia.

Tal é o mistério da cruz. Aqueles que nela se deitam, aqueles que no centro dela deixam a ilusão esvanecer-se e que, pelo perfeito equilíbrio entre a haste que se eleva e a que se mantém horizontal, apaziguam em si mesmos os opostos, acolhem no peito a flor da compaixão, nutrida pela renúncia e alentada pela sabedoria, flor que prenuncia os frutos da eternidade.

TRIGUEIRINHO

---

[7] **Iniciação**. Na linguagem esotérica, esse termo é usado para designar um processo específico de ampliação de consciência que marca o ingresso do ser em níveis de energia cada vez mais sutis. (Vide Parte II deste livro.)

Parte I

A CRUZ NA SIMBOLOGIA DOS EVANGELHOS

Símbolos

O conteúdo dos símbolos

A trajetória percorrida pela humanidade da superfície da Terra levou-a a identificar-se tão acentuadamente com o lado externo da vida que o seu contato com mundos sutis e com a simbologia oculta na própria existência material foi praticamente desaparecendo.

De modo geral, as experiências vividas numa noite de sono e as percepções dos sentidos sutis são tomadas por simbólicas, e reconhecidamente representam realidades do mundo interior; porém, aquilo que acontece na chamada vida de desperto, quando as faculdades do indivíduo estão ativas no nível físico, nem sempre é visto assim. Tivesse o homem de superfície verdadeira consciência da relatividade do mundo das formas, muito diferente seria a sua postura diante do cotidiano. Os fatos que ocorrem no nível físico representam realidades interiores, mais amplas, pois elas se desdobram e se projetam também nesses níveis concretos.

Os símbolos contêm em si a síntese de realidades intemporais; transcendem, portanto, a cronologia do mundo material e, sob véus, guardam indicações que podem ser compreendidas com diferentes chaves.

Segundo HPB[1] todo símbolo apresenta-se sob sete chaves, e cada uma delas deve ser girada sete vezes. Portanto, por ter direta relação com os níveis de consciência, um símbolo pode ser compreendido sob a luz de sete vezes sete energias. HPB disse também que no século XIX, época em que escreveu A DOUTRINA SECRETA[2], apenas três dessas chaves estavam disponíveis ao homem. Ao longo dessa obra são dadas indicações que podem conduzir o estudante ao descobrimento dessas chaves, que estão coligadas às seguintes abordagens:

Antropológica
Astrológica
Astronômica
Física ou fisiológica
Geométrica
Metafisica
Mística
Numérica
Psicológica

Na atual transição planetária, muitos setores dos arquivos akáshicos[3] que no passado permaneciam velados, exceto aos Iniciados de graus mais avançados (de Quinta Iniciação em diante), agora estão se tornando acessíveis a partir da Terceira Iniciação. Em raros casos, quando sob a égide de uma Hierarquia, alguns contatos com esses registros podem ser estabelecidos mesmo por Iniciados de segundo grau.

Essa ampliação da possibilidade de acesso aos arquivos akáshicos repercute em toda a esfera planetária, permitindo ao homem perceber mais claramente certos assuntos, antes para ele abstratos, e

---

1 Helena Petrovna Blavatsky.

2 Obra publicada no Brasil pela Editora Pensamento, em seis volumes.

3 **Arquivos akáshicos**. Níveis de consciência onde estão gravadas as informações sobre todo o Universo, desde o princípio de sua manifestação até o seu retorno aos mundos incriados.

penetrar regiões da consciência até então inatingíveis. Isso é válido principalmente para o ser resgatável, por ter ele de alguma maneira acolhido o impulso da Luz interior. Em outras palavras, esse processo faz o Céu aproximar-se da Terra, e a Terra elevar-se ao Céu.[4]

A vida externa de um Iniciado é, de maneira muito mais cristalina que a de um homem comum, o reflexo da realidade interior que o impulsiona, guia e sustém. Além disso, quanto maior a penetração da energia do ser nos diversos níveis de consciência, mais ampla é a gama de vibrações que ele manifesta, pois cada ato seu trará consigo a essência energética de todos os níveis em que sua consciência está desperta. Assim, a vida pode ser compreendida de infinitos modos, que vão depender do ângulo sob o qual ela é abordada; um mesmo fato pode ser lido de várias maneiras, que não se opõem, mas se completam.

Certas passagens da vida de Jesus representam etapas iniciáticas. Todavia, o que se deu com o Cristo, em Jesus, desde a sua prisão até a ressurreição[5], corresponde, também, a fases específicas da atual transição planetária. Para se compreender isso deve-se fazer, portanto, leituras diferentes dos mesmos acontecimentos simbólicos.

Esta transição é um processo tão amplo e de repercussões tão profundas na evolução de todo o planeta — e também do sistema solar — que seu verdadeiro significado não foi ainda apreendido pelos seres resgatáveis[6]. Quando reconhecida como uma realidade já em ato, na maioria dos casos sua essência é deturpada pelo egoísmo

---

[4] Vide SEGREDOS DESVELADOS *(Iberah e Anu Tea)*, do mesmo autor, Editora Pensamento, 1992.

[5] **Ressurreição**. Um dos mais ocultos processos interiores para o homem de superfície da Terra. Na atual transição planetária, e também no ciclo que teve seu término em 8.8.88, a completa experiência desse processo ocorre quando o ser alcança a Sétima Iniciação, integrando-se à Hierarquia Solar.

[6] **Seres resgatáveis**. Seres, dos vários reinos existentes na Terra, capazes de responder aos estímulos evolutivos e de integrarem-se à parcela da vida planetária que permanecerá incólume durante os conflitos mais agudos da atual transição.

ainda presente nesses seres, o que os leva a se focalizarem em sua própria salvação e na dos seus entes coligados. Todavia, muito maiores são as dimensões da oportunidade que foi, está e será colocada diante dos homens da superfície da Terra nesta época.

"Bem-aventurados os que não viram e creram."

(João 21,23)

* * *

Símbolos dos Evangelhos

Mesmo considerando-se que no decorrer dos tempos alterou-se em vários pontos o sentido original dos textos dos Evangelhos — seja pela própria limitação de alguns tradutores, que não sendo Iniciados não podiam penetrar corretamente o seu significado; seja pela limitação das línguas modernas, que não têm vocábulos adequados para exprimir certas realidades interiores; seja pela intenção de alguns indivíduos de preservarem seus dogmas e dominarem a maioria ignorante — ainda assim podemos encontrar, na versão atual desses textos, certas passagens simbólicas que nos permitem aproximarmos um pouco mais da Verdade oculta na manifestação do Cristo. É importante ressaltar que a energia imbuída nessas passagens não está nas palavras escritas, mas emerge do contato com a Fonte de onde foram gerados os fatos ali descritos. Portanto, a meta de um estudo revelador não é o conhecimento dos fatos em si, mas a construção de uma ponte com a Vida que sustém toda a *Árvore da Criação.*

O processo vivido por Cristo, em Jesus, desde a sua prisão até a ressurreição, processo que espelha os dias atuais, pode ser sintetizado em sete etapas, que a seguir serão estudadas mais detalhadamente.[7]

1. A prisão: a traição da humanidade.
2. O julgamento: a escolha dos homens.
3. O caminho da cruz: o gradual despertar do ser.
4. A crucificação: o sacrifício como meio de transmutação.
5. Os momentos finais no Gólgota: a reação inevitável.
6. O sepultamento: uma nova oportunidade para os que se calaram.
7. A ressurreição: o novo tempo prenuncia-se.

1. A prisão: a traição da humanidade.

- Jesus vai com seus discípulos até um horto.
- Judas, que havia sido discípulo de Jesus, mas que o traiu, aproxima-se dele acompanhado da corte e dos guardas fornecidos pelos pontífices e pelos fariseus.
- Jesus apresenta-se aos soldados por duas vezes, e exorta seus discípulos a não reagirem.
- Os discípulos abandonam Jesus e fogem.
- Jesus é levado à presença do sacerdote oficial.

---

[7] Os episódios citados nos itens a seguir constam nos Evangelhos de Mateus (26,36 a 28,15), de Marcos (14,32 a 16,11), de Lucas (22,39 a 24,12) e de João (18,1 a 20,18).

2. O julgamento: a escolha dos homens.

- Jesus é conduzido ao tribunal e colocado diante de Pilatos e dos sacerdotes. É acusado injustamente, porém nada responde.
- Pilatos é avisado por sua esposa da inocência de Jesus, fato que lhe havia sido mostrado num sonho. Porém, não lhe dá ouvidos.
- Por três vezes Pedro, discípulo de Jesus, nega conhecê-lo.
- À turba é perguntado se queria a libertação de Jesus ou de Barrabás, um afamado malfeitor; a turba opta por Barrabás.
- Pilatos "lava as mãos".
- Os soldados arrancam as vestes de Jesus e cobrem-no com um manto vermelho; armam uma coroa de espinhos e colocam-na sobre sua cabeça; zombam dele, cospem-lhe no rosto e batem-lhe com varas.
- A turba assume a crucificação de Jesus.

3. O caminho da cruz: o gradual despertar do ser.

- Simão, o cireneu, leva a cruz de Jesus até o Gólgota.
- No transcurso, Jesus avisa às mulheres que se lamentavam que não chorassem por ele mas por elas mesmas e por seus descendentes, *"pois virá o dia em que se dirá: — Felizes as estéreis, os ventres que não geraram ... Porque, se eles fazem isso ao lenho verde, que acontecerá ao seco?"* (Lucas 23,28-31)

4. A crucificação: o sacrifício como meio de transmutação.

- Os soldados oferecem a Jesus vinho misturado com fel, para entorpecê-lo; porém, ele recusa-se a beber.

- Os soldados tomam as vestes de Jesus e dividem-nas entre si por sorteio. Montam guarda em torno da cruz onde Jesus foi pregado.
- Há dois malfeitores crucificados ao lado de Jesus; um blasfema contra ele e o outro o defende.
- Os passantes injuriam Jesus, ultrajam-no e zombam dele.
- O céu escurece-se por três horas, ao final das quais Jesus diz: *"Tudo está consumado"* (João 19,30), e expira.

5. Os momentos finais no Gólgota: a reação inevitável.

- O véu do templo rasga-se em duas partes de alto a baixo, a terra treme, fendem-se as rochas. Os sepulcros se abrem e muitos justos ressuscitam.

6. O sepultamento: uma oportunidade para os que se calaram.

- José de Arimatéia, membro ilustre do conselho que condenou Jesus, mas que não concorda com essa decisão, ocupa-se do sepultamento do corpo de Jesus em um sepulcro novo.
- Os sacerdotes enviam guardas para vigiar o sepulcro.

7. A ressurreição: o novo tempo prenuncia-se.

- Passados três dias do sepultamento, Maria Madalena e algumas outras mulheres dirigem-se ao túmulo de Jesus e encontram-no aberto; um anjo avisa-lhes que Jesus ressuscitara.
- Jesus aparece ante Maria Madalena, revelando-lhe que se elevava ao Pai.

Comentários aos símbolos dos Evangelhos

Introdução aos comentários

Quando no ser humano foram despertadas as potencialidades mentais, uma dádiva rara estava-lhe sendo concedida: por intermédio delas ele poderia conectar-se com realidades internas e espirituais e relacionar-se com a vida material segundo a compreensão de leis superiores, que então atuariam em auxílio ao desenvolvimento da humanidade em geral. Porém, essa dádiva encerrava uma prova: ela somente revelaria seu valor se o homem a utilizasse em favor da harmonia universal.

A suprema Consciência que rege este planeta sempre enviou seus Mensageiros à humanidade, a fim de transmitir-lhe as verdades eternas e os preceitos que a conduziriam pelos caminhos da retidão, luz e paz. A culminação de uma importante fase desse processo, que ocorreu por ocasião da vinda do próprio Cristo aos níveis materiais, consuma-se na atual transição planetária e no que esotericamente é chamado o *reaparecimento do Cristo*[1].

Vários são os caminhos que em sua evolução a Consciência regente de um planeta, o seu Logos[2], pode seguir. O Logos que regeu a Terra na etapa que ora se finda assumiu o Caminho do Sacrifício[3], e essa opção estendeu-se por toda a Hierarquia, canal de transmissão e de realização do propósito logóico. Assim, a cruz, símbolo do perfeito inter-relacionamento da existência material (haste horizontal da cruz) com a vida interior, espiritual e cósmica (haste vertical da cruz), oculta seu mistério na mais profunda essência da vida planetária, a qual acolheu a tarefa de estabelecer a harmonia e o equilíbrio de expressões aparentemente opostas da energia.

O Cristo, como canal de manifestação do Amor-Sabedoria, ao assumir realizar na Terra uma parcela da tarefa de unir a matéria com o espírito, testifica a inefável doação do Logos planetário. Esse processo é extremamente dinâmico e, ao trazer abaixo o que está Acima, eleva Acima o que embaixo se encontrava, sem nunca confirmar a vibração dos planos materiais. Desse modo, Cristo afirmou, diante de Pilatos:

"O meu Reino não é deste mundo."

(João 18,36)

* * *

---

[1] **Reaparecimento do Cristo**. Retorno da energia crística entre os homens, profetizado nos ensinamentos espirituais. Esse reaparecimento diz respeito ao despertar da chama crística, que está acontecendo na parcela resgatável da humanidade. Esse despertar do Cristo interno já é uma realidade para muitos seres.

[2] **Logos planetário**. Núcleo regente da existência de um planeta. Toda a vida planetária e as diversas consciências que a constituem recebem desse Logos o alento que as nutre e vivifica.

[3] **Caminho do Sacrifício**. Caminho escolhido pelos seres que se doam plenamente ao trabalho em prol da manifestação, em todos os níveis de vida, do propósito sagrado que ela encerra. Assim, a conotação negativa que o termo sacrifício tem é substituída nos tempos atuais pelo sentido da realidade interna que lhe é própria e que corresponde à realização de um "sagrado ofício".

Comentários

1ª etapa.
A prisão: a traição da humanidade.

Jesus vai com seus discípulos até um horto.

Há dois mil anos, em Jesus, a energia crística[4] esteve presente em meio à humanidade, expressando-se da maneira mais plena que então era possível por intermédio de um ser encarnado no nível físico da superfície da Terra; a maioria dos homens, porém, não quis acolhê-la.

Na época atual processo semelhante ocorre, e de toda a humanidade da superfície apenas dez por cento responde positivamente ao chamado crístico que, ecoando desde milênios, nesta transição da Terra reapresenta-se de modo peculiar.

Os que respondem são os discípulos da Luz, aqueles que reconhecem a Luz do Amor e da Sabedoria. Sua coligação com essa Luz independe de crenças, dogmas ou religiões organizadas. Está embasada na unificação do ser à essência crística, que é cósmica. Esses seres que respondem reúnem-se nos níveis suprafísicos em torno dessa sublime energia, regente de todos os Grupos Internos[5].

* * *

---

[4] **Energia crística**. A energia do Amor-Sabedoria, síntese da vibração emitida pelo centro espiritual deste sistema solar, vibração cuja natureza atrativa a ela imanente contribui para aproximar toda a manifestação deste universo sistêmico à sua vida interior, fonte que a sustém. O Cristo é a Consciência que personifica essa energia imaterial e sublime.

[5] **Grupos Internos**. Estados de consciência intimamente ligados à evolução em nível planetário. Há doze Grupos Internos na Terra, cada um dos quais exprime uma energia de Raio e assume a parcela do Propósito planetário que esse Raio deve realizar por meio do reino humano.

Judas, que havia sido discípulo de Jesus, mas que o traiu, aproxima-se dele acompanhado da corte e dos guardas fornecidos pelos pontífices e pelos fariseus.

As trilhas rumo ao Espírito sempre estiveram abertas a todos os homens; entretanto, a maioria preferiu as falsas promessas da vida material e, em nome dessas promessas, traiu aquilo que seria o propósito de sua existência.

O despertar da consciência é estimulado pela Hierarquia, que utiliza os mais adequados recursos disponíveis para auxiliar cada ser; também o Espírito usa os meios de maior penetração para alcançar o consciente do homem; muitas vezes, porém, as aspirações da vida interior de um ser não encontram abertura para se manifestarem na existência concreta. Como foi dito, *"o Espírito na verdade está pronto, mas a carne é fraca"*. (Mateus 26,41)

Por terem optado pelo prazer dos sentidos e pelo poder terreno, os seres humanos foram obsedados por forças dissuasivas e, ofuscados assim pelas trevas, perderam a consciência de suas próprias ações. Iludidos, entregaram a vida planetária à destruição; contudo, como disse Cristo: *"O Filho do homem vai certamente, como está escrito dele, mas ai daquele homem por quem será entregue o Filho do homem! melhor fora se não tivesse nascido"*. (Mateus 26,24)

* * *

Jesus apresenta-se aos soldados por duas vezes, e exorta seus discípulos a não reagirem.

A energia crística não se oculta aos olhos de ninguém, está presente nos menores fatos da vida dos seres, indicando-lhes o caminho à Unidade, procurando dissolver a separatividade e a disputa, fato bem pouco compreendido mesmo entre os seus pretensos seguidores.

Sua suprema sabedoria busca despertar nos homens a consciência de que a verdadeira existência, o Reino, encontra-se além dos limiares da mente. A vida do Espírito é o portal dessa existência e, por caminhos traçados pelo amor infinito, a ela é conduzido o indivíduo; porém, só aquele que continuamente renuncia à violência própria do ego consegue cruzar esse portal.

* * *

Os discípulos abandonam Jesus e fogem.

No transcurso da evolução terrestre, inúmeras vezes um ser é colocado diante da Verdade, da Luz e da Vida. Em algumas dessas oportunidades que lhe são oferecidas, consegue romper os densos véus de ilusão que lhe obscurecem a consciência, evocando do seu mais íntimo núcleo interior uma resposta positiva, uma abertura e um passo em direção à vida espiritual. Porém, essa ainda frágil adesão ao chamado interno facilmente é negada quando surgem situações de provas.

O ser humano muitas vezes esquece-se de que a manifestação de uma nova existência requer obras e atos em conformidade com o que ela inspira. As bases dessa nova existência só podem emergir em um coração onde o amor transcendeu as expressões pessoais, em um coração que reconheceu que todo esse amor provém d'Aquele que alenta os universos e a Ele deve ser oferecido. O homem que se integra a esse amor nada teme, no céu ou na terra comunga da união com a Fonte, e fatos temporais não podem usurpar-lhe a eternidade.

A história da Terra, entretanto, revela que o ser humano não compreendeu essas simples leis espirituais. A influência que os objetos e conceitos concretos exercem sobre ele é mais forte do que sua fé na providência e misericórdia dos planos internos. Teme pelo efêmero, afastando-se do essencial. Propala sua crença, porém pouco a confirma em seus atos.

A pretensa evolução desta humanidade leva-a a supor que se encontra em elevados estados de consciência e que realizou grandes feitos, porém quantos conseguem manter-se fiéis à meta interior da sua existência quando acossados pelas forças materiais?

* * *

Jesus é levado à presença do sacerdote oficial.

Há um arquétipo que define os padrões das estruturas que permitem o desenvolvimento de uma civilização. Quando criadas com base nesse arquétipo, elas refletem uma ordem cósmica; entretanto, devem ser continuamente reajustadas à Idéia superior da qual emanam, pois caso contrário cristalizam-se e transformam-se em instrumentos de forças involutivas.

As estruturas mantidas pelos seres humanos na vida da superfície da Terra quase sem exceção tenderam ao distanciamento da Idéia que as inspirou e, além disso, a grande maioria delas, desde a sua origem, vinculou-se a propósitos negativos. Portanto, não só a vida comum dos indivíduos, mas também as religiões organizadas e as instituições oficiais tornaram-se focos de atuação de forças dissuasivas. O que devia ser, nos níveis concretos, depositário e núcleo irradiador da Luz turvou-se pela fumaça de chamas materiais.

* * *

2ª etapa.
O julgamento: a escolha dos homens.

Jesus é conduzido ao tribunal, e colocado diante de Pilatos e dos sacerdotes. É acusado injustamente; porém nada responde.

Por incontáveis períodos o Logos da Terra vem concedendo aos seres as condições mais propícias possíveis ao seu desenvolvimento. Ofertou-lhes as reservas do planeta, abriu-lhes suas vertentes, dando-lhes tudo o que necessitavam; porém, como resposta a tantas dádivas, a humanidade enveredou-se pelo caminho da espoliação e do usufruto, e entregou-o às forças que tentam destruí-lo. Mesmo assim, a vida planetária prossegue em contínua doação.

O Logos da Terra guarda uma íntima relação com a energia crística; assim, aquilo que ocorre no corpo planetário[6] é, num sentido oculto, impresso no veio crístico que rege a existência da Terra e do sistema solar. Como disse Cristo: *"Eu sou a Luz do Mundo"*. (João 8,12)

* * *

Pilatos é avisado por sua esposa da inocência de Jesus, fato que lhe havia sido mostrado num sonho. Porém, não lhe dá ouvidos.

O potentíssimo impulso de doação da essência de vida estimula o despertar de todos os seres. A ninguém exclui, e verte-se sobre a Terra inteira, alcançando os mais longínquos rincões. A Consciência regente do planeta e a sua Hierarquia assumiram a laboriosa tarefa de redimir a vida terrestre. Isso está implícito nas palavras de Jesus: *"Não fostes vós que me escolhestes, mas eu vos escolhi"*. (João 15,16)

Esse impulso de doação não passa despercebido a todos os seres humanos, e mesmo alguns dos que se encontram enredados no jogo das forças materiais reconhecem a verdade oculta por trás dos fatos externos; muitas vezes, porém, não têm energia suficiente para romper os vínculos obscuros que os prendem, ou não conseguem

---

6 **Corpo planetário**. Conjunto de partículas, nos diversos níveis de existência, que manifestam a essência de um Logos planetário.

manter-se num caminho mais puro devido a resistências oferecidas pela própria matéria. Sabem da verdade, mas nada conseguem fazer.

* * *

Por três vezes Pedro, discípulo de Jesus, nega conhecê-lo.

O intenso grau de ilusão e envolvimento com as forças involutivas, forças ainda presentes nos três níveis de consciência materiais, impede aquele cujo conhecimento se restringe à vida expressa nesses níveis de contatar sua origem interna. Leva-o a recusar a possibilidade de ser por ela tocado, e a abjurar sua própria filiação divina.

Mesmo os que puderam reconhecer em seu interior a imanência da energia crística, e que privaram da sua presença, estão sujeitos a negar, nos três níveis da personalidade, os princípios mais internos da sua própria consciência. Nestes tempos de transição, em que as forças dissuasivas acossam intensamente os seres resgatáveis, há de se estar vigilante e caminhar fielmente em direção à Luz.

* * *

À turba é perguntado se queria a libertação de Jesus ou de Barrabás, um afamado malfeitor; a turba opta por Barrabás.

Continuamente a humanidade esteve diante da opção de se integrar à Luz e à Verdade. Insistentemente foi chamada a unir-se Àquele que lhe concede a existência; porém, envolvida com rumores de vozes que lhe prometem prazeres e deleites, não escutou o Chamado.

Principalmente nesta época de transição, a grande maioria deixa-se seduzir pelo já corrompido mundo material e obstinadamente resiste à penetração da energia do Espírito, cada vez mais abrindo campo para o domínio das trevas.

* * *

Pilatos "lava as mãos".

Os que até o fim desta etapa planetária mantiverem-se renitentes ao Chamado compreenderão as palavras do Cristo: *"Buscar-me-eis sem me achar; nem podereis ir para onde estou"*. (João 7,34)

Principalmente neste século, a Hierarquia planetária procurou aproximar-se dos principais governantes das nações do mundo, enviando-lhes Mensageiros[7]. Além disso, no período em que ainda havia possibilidade de esta civilização retroceder no seu acelerado processo de degradação, a Hierarquia também procurou, sempre que as condições cármicas permitiam, impulsionar alguns indivíduos a ela coligados a assumirem posições chaves nas estruturas governamentais da superfície do planeta. Contudo, mesmo com todos esses esforços, as garras da vaidade e da ambição, o mau uso do poder e a ilusão dos bens materiais haviam se impregnado muito fortemente no coração dos homens, e os governos das nações, que deveriam espelhar a Regência interna do planeta[8], cederam à pressão das forças do caos.

* * *

---

[7] Vide MIZ TLI TLAN - *Um Mundo que Desperta*, do mesmo autor, Editora Pensamento, 1989.

[8] **Regência interna do planeta**. O Logos é a Consciência Regente central de um planeta. Sua Regência conta com núcleos encarregados de levar adiante a evolução planetária; entre outros, os núcleos mais importantes são o Senhor do Mundo (Consciência que manifesta o aspecto Vontade da energia logóica) e a Hierarquia planetária.

Os soldados arrancam as vestes de Jesus e cobrem-no com um manto vermelho; armam uma coroa de espinhos e colocam-na sobre sua cabeça; zombam dele, cospem-lhe no rosto e batem-lhe com varas.

No passado da Terra houve períodos em que os governantes tinham coligação direta com a Hierarquia planetária ou, mesmo, a ela pertenciam. À medida que a vida externa foi ingressando em uma fase de maior densidade, e que os homens foram cedendo ao assédio das forças involutivas, a possibilidade de relacionamento da humanidade com a Hierarquia foi sendo restringida. Com o descompasso entre as metas dos governantes dos povos de superfície e o propósito da Regência interna do planeta, muitos seres humanos tornaram-se dóceis instrumentos das forças do mal.

A destruição traçada por essas forças involutivas ganhou espaço no viver dos homens. O fogo dos incêndios criminosos enrubesceu o céu do planeta, a extração sem critérios dos recursos naturais feriu suas camadas externas, o contínuo despejo de resíduos e dejetos no solo e nas águas contaminou seus mananciais, as guerras e as experiências com armamentos destruíram tanto a vida material quanto a sutil de muitos setores do planeta.

* * *

A turba assume a crucificação de Jesus.

Se a certa altura uma Vontade maior não interviesse nesse processo, o planeta seria destruído, acarretando imenso desequilíbrio em todo o sistema solar e na galáxia. Quando a ação dessa Vontade se fizer plena, os homens poderão compreender melhor as seguintes palavras de Jesus: *"É chegada a hora, glorifica teu Filho".* (João 17,1)

Porém, até que chegue esse momento, a maioria dos homens parece não estar disposta a abster-se de colaborar com a destruição, e assim prossegue no caminho que levaria à extinção da vida na superfície da Terra se essa intervenção superior não ocorresse.

* * *

3ª etapa.
O caminho da cruz: o gradual despertar do ser.

Simão, o cireneu, leva a cruz de Jesus até o Gólgota.

Com o progressivo agravamento da situação planetária, muitas Consciências pertencentes à Irmandade da Luz[9] vieram em auxílio à Terra. Da essência dessa Irmandade emana o Amor-Sabedoria, que confere aos que dela são parte a capacidade de irradiar essa energia curadora, onisciente, aos pontos do cosmos aonde ela deva chegar. As tarefas realizadas por essa Irmandade são designadas pela Regência central do cosmos, tarefas cujo fim, nas situações agudas como as que são vividas hoje na Terra, expressa-se nas palavras de Cristo ao Pai: *"(Para que os homens) sejam perfeitos na unidade, e o mundo reconheça que Me enviaste e o amaste, como amaste a Mim"*. (João 17,23)

---

9 **Irmandade da Luz**. Designação de uma rede de energias e consciências que tem sua base nos níveis cósmicos e se estende por todo o universo. Atua de modo a permitir a manifestação do Plano Evolutivo, e os seres que a compõem têm capacidade de responder positivamente ao impulso enviado pelo Centro da Criação.

O Logos da Terra e sua Hierarquia compõem um dos inúmeros prolongamentos dessa Irmandade. Sempre que há necessidade, e segundo os desígnios supremos, elevadas consciências filiadas a essa Irmandade são convocadas para operar em diferentes pontos do cosmos. Neste planeta tal colaboração jamais deixou de existir; muitas escrituras antigas referem-se veladamente a esse fato. Houve épocas em que a continuidade da vida nos níveis concretos da Terra esteve em perigo; nesses períodos críticos, a Irmandade cósmica faz-se presente de modo especial, buscando sanar os desequilíbrios dos quais o planeta padece.

* * *

> *No transcurso, Jesus avisa às mulheres que se lamentavam que não chorassem por ele mas por elas mesmas e por seus descendentes, "pois virá o dia em que se dirá: — Felizes as estéreis, os ventres que não geraram ... Porque, se eles fazem isso ao lenho verde, que acontecerá ao seco?"* (Lucas 23,28-31)

O aspirante, ao despertar para a realidade interna e reconhecer a verdadeira situação na qual a vida planetária se encontra, pode deixar-se envolver por ilusões e, assim, tentar solucionar problemas que somente podem ser resolvidos por intervenção de uma energia superior. Antes que a paz se instale no interior de um ser, ele pouco pode contribuir para a paz do mundo que o cerca. Antes que ele supere o egoísmo, não pode auxiliar na manifestação do amor e da união entre os homens. Antes que possa penetrar os segredos da Criação, o que por ele é criado não reflete fielmente o propósito divino.

A procriação decorrente do prazer[10] ou de uma velada expectativa de auto-realização por meio dos filhos aumenta as dívidas cár-

---

[10] Vide HORA DE CRESCER INTERIORMENTE *(O Mito de Hércules Hoje)*, do mesmo autor, Editora Pensamento, 1988.

micas[11] do homem, acrescentando a elas o que vem dos seres que por seu intermédio são trazidos à encarnação.

O vínculo cármico entre pais e filhos reflete-se, pois, diretamente no processo evolutivo deles. Uma procriação em condições contrárias às leis espirituais pode, em certos casos, tornar mais lenta a evolução do ser que encarna, e também dos pais, por toda uma encarnação. Num processo desse, desde suas bases, a energia espiritual encontra obstáculos para vitalizar os corpos que receberão o ser que encarna. Por outro lado, nos pais a sua expressão parcialmente se recolhe. A seiva que deveria nutrir o desenvolvimento superior do ser fica assim bloqueada ou recolhida, e a existência dele, no que se refere a esse desenvolvimento, pouco diferirá da de um lenho seco. O jogo das forças involutivas não encontra obstáculo para iludir aquele que carece da renovação interna trazida por essa seiva espiritual.

* * *

4ª etapa.
A crucificação: o sacrifício como meio de transmutação.

> *Os soldados oferecem a Jesus vinho misturado com fel, para entorpecê-lo; porém, ele recusa-se a beber.*

---

[11] **Lei do carma**. Também denominada lei de causa e efeito, rege a evolução do homem cuja consciência está focalizada nos níveis materiais. Ela reza que cada ação demanda uma reação equivalente, para que se mantenha o equilíbrio do universo. Assim, devido às suas muitas ações negativas, o indivíduo, enquanto não desperta para a vida interior, permanece preso ao mundo material.

Repetidas vezes a fraternidade das trevas tentou persuadir seres coligados à Hierarquia espiritual a renderem-se aos seus obscuros propósitos. Aqueles cuja ligação interna não se abala com o assédio dessas forças negativas são por elas tentados, quase sempre sem resultados, a se enveredar por situações que os afastariam da Verdade.

Fato até hoje desconhecido da maioria da humanidade é que a certa altura da Idade Média, quando o grau de penetração das forças involutivas nos planos materiais permitia-lhes conduzir grande parte dos pensamentos, sentimentos e atos dos seres humanos, a fraternidade das trevas propôs à Hierarquia espiritual do planeta um pacto no qual a destruição promovida pelos seus agentes seria amenizada se lhe fosse concedido penetrar mais livremente no nível de existência anímico. Tal proposta sequer foi considerada; a expressão da Hierarquia sempre foi — e também o será, nas horas finais — o exemplo vivo do cumprimento da Lei Superior, a realização plena das palavras: *"(Pai), faça-se a Tua Vontade"*. (Mateus 26,42)

Esse fato, ocorrido há centenas de anos, refletiu-se diretamente no grande confronto na superfície do planeta neste presente século (as chamadas Guerras Mundiais), confronto em que estava em jogo o destino da Terra.

* * *

Os soldados tomam as vestes de Jesus e dividem-nas entre si por sorteio. Montam guarda em torno da cruz onde Jesus foi pregado.

A alma, na simbologia esotérica, está relacionada ao Filho, e seu destino é a unificação com a mônada, o Pai. Esse enfoque revela algo do que está implícito nas seguintes palavras de Jesus: *"O Filho, por si mesmo, não pode fazer coisa alguma; ele só faz o que vê fazer o Pai"*. (João 5,19) Ou: *"Se Me conhecêsseis, certamente conheceríeis também a Meu Pai"*. (João 8,19) E também: *"Meu Pai é que me glorifica"*. (João 8,54)

A alma, em decorrência de sua interação com os níveis mais densos da existência, e sendo o núcleo de consciência que guarda em sua aura os átomos permanentes[12] físico-etérico, emocional e mental (átomos-síntese dos corpos inferiores), permanece limitada no cumprimento de sua tarefa de fazer a ligação entre a matéria e o Espírito até que reconheça a onipotência do Espírito e a ele se entregue.

Quando, por um ato de vontade, a mônada ativa o potencial da alma numa intensidade suficiente para elevá-lo em poder e energia, a alma torna-se capaz de "crucificar o ego" e libertar-se do jogo de destruição e caos que envolve a maioria dos seres humanos. Essa libertação equivale ao resgate que hoje ocorre com a parte salvável do homem da superfície da Terra: ocorre no âmago do ser, quando ele se polariza num nível isento da atuação das forças involutivas, processo que pode ou não incluir os seus corpos materiais. Nos níveis externos, materiais, essas forças prosseguirão atuando cada vez mais acirradamente até o final desta transição.

Em âmbito planetário, processo equivalente ocorre com a civilização de superfície; sua "alma" é resgatada a um nível superior, e voltará a "encarnar", na etapa futura, sob novas vestes. Característico destes tempos de transição é o fato de a forma externa do ensinamento religioso e filosófico revelado por Seres Crísticos[13] no decorrer dos tempos, forma que revestiu a verdade essencial da existência nas fases anteriores desta civilização, ser tomada pelas forças obscuras, que fazem dela instrumento do seu trabalho dissuasivo.

* * *

---

[12] **Átomos permanentes**. Núcleos que sintetizam a energia e a experiência vivenciada por meio dos corpos materiais. Existe um átomo permanente de cada corpo denso do ser: um do físico-etérico, um do emocional e um do mental. A alma tem nesses núcleos seu ponto de suporte para a introdução de impulsos sutis na vida externa do ser.

[13] **Seres Crísticos**. Seres que exprimem a energia crística em grau de pureza suficiente para produzir mudanças internas na consciência dos homens e do planeta.

Há dois malfeitores crucificados ao lado de Jesus; um blasfema contra ele e o outro o defende.

Dois mil anos atrás havia três cruzes no Calvário: numa estava um Ser que corporificava a energia espiritual e divina; na segunda um malfeitor que nesse Ser reconhecia a Luz, a Verdade e a Vida; e na terceira outro malfeitor, que repudiava esse Ser. Do mesmo modo, no homem atual existem três núcleos de consciência que expressam estados bem definidos: a mônada, que em essência é pura e que espelha a origem cósmica do homem; a alma, que chega a reconhecer a verdade imanente à mônada mas, por estar se manifestando no nível mental abstrato, ainda não se encontra totalmente livre dos enganos e do assédio do mal, nem do envolvimento com ele; o ego[14], que exprime as deturpações ainda inerentes à matéria terrestre. Até que o sublime Fogo do Espírito permeie o ego e o incendeie, a ilusão da separatividade torna-o cativo das tentações e do chamado mal[15].

* * *

Os passantes injuriam Jesus, ultrajam-no e zombam dele.

Aqueles que entregam o próprio ego à crucificação, o que implica trilhar a senda da renúncia, do auto-esquecimento, da equanimidade diante do prazer e da dor, a senda do abandono dos seus pró-

---

[14] **Ego**. Núcleo do ser no nível humano, que guarda em si o sentido do "eu", sendo este uma projeção da alma nesses níveis. O ego manipula as forças da personalidade (síntese do passado do ser nos níveis materiais), que por natureza manifesta egoísmo e tendência à identificação com o mundo ilusório das formas. No transcurso da evolução, seu destino é ser absorvido pela alma, e a partir desse ponto a energia interna do ser passa a exprimir-se com maior liberdade.

[15] Vide SEGREDOS DESVELADOS *(Iberah e Anu Tea)*, do mesmo autor, Editora Pensamento, 1992.

prios conceitos, normalmente são pouco compreendidos pelo mundo. Sendo a grande maioria da humanidade terrestre dominada pelas forças do mal, não se pode esperar que ela acolha a Luz com gratidão.

O repúdio lançado pelo mundo sobre os que buscam a Luz é uma das provas pelas quais o discípulo[16] deve passar. Nada pode alterar sua disposição para entregar-se à vida interior. A esses Jesus dirigiu as palavras: "*Se o mundo vos odeia, sabei que Me odiou a Mim antes de a vós. Se fôsseis do mundo, o mundo vos amaria como sendo seus. Como, porém, não sois do mundo, mas do mundo vos escolhi, por isso o mundo vos odeia*". (João 15,18) "*O mundo odeia-Me porque Eu testemunho contra ele que as suas obras são más*". (João 7,7)

* * *

> *O céu escurece-se por três horas, ao final das quais Jesus diz:"Tudo está consumado"* (João 19,30), *e expira.*

Os números são códigos, são símbolos de muitos processos. O número três, por exemplo, corresponde à Tríade primeva[17], e vela o mistério dos "três que são um". Esse arquétipo de multiplicidade e unidade (3 e 1) tem sua correspondência na absorção, pela alma, da síntese dos três corpos da personalidade.

Ao se mencionar esse período de escuridão de três horas ou — como fazem as profecias do fim dos tempos — o de três dias, é importante ressaltar que esses prazos geralmente não correspondem a uma realidade física concreta, mas sim a um obscurecimento dos três

---

[16] **Discípulo**. Indivíduo que respondendo a uma necessidade do ser interno eleva seus padrões de conduta e aproxima-se da aura de uma Hierarquia, preparando-se assim para alcançar a Primeira Iniciação. Em geral, esse termo é utilizado para designar seres, Iniciados ou não, que são espiritualmente instruídos por Consciências de vibração mais elevada do que a deles.

[17] **Tríade primeva**. Trindade original que expressa as energias da Vontade (o Pai), do Amor (o Filho), e da Luz (o Espírito Santo).

níveis de manifestação. Se o auge desse período, que para a consciência humana assemelha-se a uma escuridão, coincidir com fenômenos que produzam a ausência de luz solar no nível material, o que é perfeitamente possível e esperado, isso é de somenos importância, pois o que deve resplandecer para suprimir as trevas não é a luz física, mas aquela que se encontra no interior dos seres.

Atualmente, quando conjunturas internas propiciam o reaparecimento do Cristo em cada ser, novamente essa sublime energia de Amor encontra pouco acolhimento no coração dos homens. Quantos, diante dos esforços que o ser interno realiza para colocá-los no caminho da Verdade, escolhem manter-se distantes desse caminho? Quantos, mesmo sabendo que o que nutre a vida interior está claramente expresso na afirmação de Cristo: *"Meu alimento é fazer a vontade d'Aquele que me enviou e cumprir a sua obra"* (João 4,34), querem penetrar nessa vida levando todavia consigo os prazeres mundanos?

Atualmente, vive-se tempos em que a essência interna de muitos seres clama por entregar-se a realidades mais profundas: *"Saí do Pai e vim ao mundo. Agora deixo o mundo e volto ao Pai".* (João 16,28) No entanto, a maior parte da humanidade mantém-se afastada da luz da sabedoria, agravando assim as disparidades externas e contribuindo para que a vida material se degrade e exprima padrões de conduta primitivos e bárbaros. Aqueles que verdadeiramente podem compreender o que hoje ocorre no mundo recolhem-se e dedicam-se a um trabalho silencioso de reequilíbrio da vida planetária; os que se entregam às forças da degeneração confirmam seu destino: serão encaminhados para estágios inferiores da evolução — oportunidade que o mesmo Amor que lhes concedeu a vida lhes oferece para reiniciar sua jornada evolutiva.

Ainda antes que toda a parte salvável da humanidade e dos demais reinos seja resgatada (o que nem sempre significa que o ser deixe de imediato o nível material) haverá uma intensificação do obscurecimento dos três mundos do viver humano. Ao concluir-se o resgate, ocorrerá a purificação em âmbito global.

* * *

5ª etapa.
Os momentos finais no Gólgota: a reação inevitável.

O véu do templo rasga-se em duas partes de alto a baixo, a terra treme, fendem-se as rochas. Os sepulcros se abrem e muitos justos ressuscitam.

"Vem a hora, e já está aí, em que os mortos ouvirão a voz do Filho de Deus; e os que a ouvirem viverão". (João 5,25) É bem conhecido o fato de que, se um homem não conhece as realidades internas, sua vida pouco contribui para a evolução; nesse estado, diz-se que ele está morto, pois ainda não entrou na verdadeira Vida. Porém, se escuta o Chamado e a ele responde, o homem desperta para essa Vida, nasce espiritualmente.

O fato de a crucificação de Cristo-Jesus ter acontecido no Gólgota, que significa "o lugar do crânio", guarda uma simbologia oculta associada ao atual processo de transição que tem o nível da mente como o campo de maior conflito das forças renitentes à Luz.

Neste atual período de transição, o caos planetário pode generalizar-se a qualquer instante. Cada minuto de operação de uma usina nuclear é um risco para toda a Terra; a poluição do solo, da água e do ar, por sua abrangência e continuidade, ganha peso considerável.

Assim, é irrevogável a retribuição que a lei do carma material fará vir sobre a humanidade a fim de equilibrar seus atos criminosos. Aproxima-se o tempo em que a última gota fará transbordar esse cálice repleto de violências contra a vida planetária; as forças da Natureza, comandadas por elevadas Consciências, atuarão de modo potente. Nesse reequilíbrio, cada um receberá de acordo com o que realizou, pois a lei do carma material é rigorosa e justa.

Tendo sido efetuado o resgate[18] da parcela salvável dos reinos do planeta, haverá uma intensificação do processo purificador e transmutador nos planos materiais, e terá início o holocausto global. Os confrontos entre a Luz e as trevas serão ainda mais fortes; *"será grande a aflição, como nunca foi, desde o princípio do mundo até agora, nem jamais será"*. (Mateus 24,21) O desfecho dessa batalha está decidido, a Luz prevalecerá — é uma questão de tempo para certos fatos poderem ocorrer no mundo das formas.

Neste período, seres que no passado atuaram na superfície da Terra a serviço da Hierarquia, e que estão preparados para em condições externas difíceis responder adequadamente aos comandos da Regência interna do planeta, voltarão a trabalhar nos níveis materiais, muitas vezes chegando a esses níveis pela transmutação monádica[19], transcendendo assim a lei da morte.

* * *

6ª etapa.
O sepultamento: uma nova oportunidade para os que se calaram.

José de Arimatéia, membro ilustre do conselho que condenou Jesus, mas que não concorda com

---

[18] **Resgate**. Processo que conta com a participação de Consciências extraplanetárias, cujo objetivo é introduzir a Terra em níveis de energia mais elevados. Para isso, os seres dos diversos reinos serão encaminhados para os destinos que lhes correspondem, e aqueles que repovoarão a Terra após sua harmonização serão os que tiverem afinidade com a energia que nela se manifestará.

[19] **Transmutação**. A transmutação pode ocorrer simplesmente em nível material (como elevação do potencial energético da existência em nível mental, emocional e físico etérico), ou pode ocorrer em nível monádico; neste caso, uma mônada desocupa seus corpos materiais, cedendo-os a outra, mais evoluída. Por meio desse processo, a mônada que cede os corpos liberta-se da lei da morte física. Vide SINAIS DE CONTATO, do mesmo autor, Editora Pensamento, 1989.

essa decisão, ocupa-se do sepultamento do corpo de Jesus em um sepulcro novo.

Os puros e os inocentes, os que souberam manter acesa a sua luz, não temem a aproximação da noite: mesmo em meio às trevas podem encontrar o Caminho. Pouco verão ou participarão dos momentos mais agudos da transição planetária, do auge dos conflitos e do caos que assolarão a superfície da Terra. Compreenderam e seguiram a indicação de Cristo: *"O que beber da água que Eu lhe der, jamais terá sede; a água que Eu lhe der virá a ser nele fonte de água, que jorrará até a vida eterna"*. (João 4,14)

Mas há também aqueles que não consolidaram sua opção pela vida do Espírito a ponto de isentarem-se da participação nesses momentos finais. Esses seres, que foram chamados, escutaram, pretenderam responder, mas não consumaram sua resposta, terão ainda uma nova oportunidade, ofertando-se para o serviço evolutivo nesses momentos de aguda necessidade. Como toda luz que se acende, em qualquer tempo, sempre irradia sua claridade, também esses chegarão ao seu destino de paz.

Para que certos processos de purificação, de transmutação e transubstanciação[20] possam ocorrer na própria constituição da matéria planetária, é preciso que se façam em total resguardo de influências humanas: dão-se silenciosamente no interior dos seres e apenas revelam-se quando já estão consumados em certo grau (como por exemplo a implantação do novo código genético e a introdução de sementes de novos órgãos do corpo físico). Esses processos estão em andamento na atual transição e são realizados por Consciências intergaláticas na parcela salvável do contingente planetário; mesmo que auxiliados por devotados servidores, desenvolvem-se longe dos olhos do mundo.

* * *

---

[20] **Transubstanciação**. Termo que estamos empregando para o processo oculto de liberação da energia interior imanente a toda vida manifestada, processo que conduz a vibração das partículas que a compõem a um nível mais elevado.

Os sacerdotes enviam guardas para vigiar o sepulcro.

Ainda que na atual transição a maior parte das forças involutivas sejam expulsas do planeta, algumas delas permanecerão. O montante de forças do mal presente num planeta depende do grau evolutivo do Logos que o rege, o que se reflete na humanidade que o habita.

A Terra, como consciência, está passando pela Quarta Iniciação cósmica. Por analogia às Iniciações vividas pelo homem, sabe-se que nesse ponto ela está adquirindo controle sobre as forças materiais dos subníveis mais densos, controle que se consumará apenas na Quinta Iniciação.

Portanto, o grau evolutivo daqueles que povoarão a Terra na etapa vindoura ainda comportará certo envolvimento com forças obscuras — a humanidade, como um todo, terá atingido a Primeira Iniciação, e enquanto não se libertar totalmente desse envolvimento, tais forças serão naturalmente atraídas para a órbita terrestre. Isso ocorre por Lei, a Lei da atração magnética.

Mesmo assim, os processos de purificação, de transmutação e de transubstanciação que hoje ocorrem preparam o nascimento de uma nova Terra, que responderá aos desígnios dos Conselhos[21] intergaláticos. A mentalidade humana atual não pode sequer imaginar a magnitude e a beleza da fase vindoura. Enquanto os referidos processos ocorrem ocultamente no âmago dos seres e da própria substância dos níveis de consciência materiais, as forças involutivas vigiam; nesse âmbito, porém, elas não podem interferir.

* * *

---

[21] **Conselho**. Conjunto de Consciências elevadas, que conduz a evolução num determinado âmbito. É um prolongamento da Regência central daquele âmbito, um núcleo de suporte para a delegação das tarefas designadas por ela.

7ª etapa.
A ressurreição: o novo tempo prenuncia-se.

Passados três dias do sepultamento, Maria Madalena e algumas outras mulheres dirigem-se ao túmulo de Jesus e encontram-no aberto; um anjo avisa-lhes que Jesus ressuscitara.

Pouco compreendida foi a afirmação: *"se não comerdes a carne do Filho do homem, e não beberdes o seu sangue, não tereis a vida em vós mesmos"*. (João 6,53) Com a encarnação do Cristo há dois mil anos, a energia do Amor cósmico, ou energia crística, penetrou nas esferas materiais, atingindo até os seus mais densos níveis, o que aumentou grandemente a capacidade de a vida de superfície da Terra responder aos impulsos solares e cósmicos. Não fosse isso, o planeta não poderia prosseguir em sua trajetória evolutiva.

À parcela material resistente ao contato com impulsos superiores, Jesus dirigiu as palavras: *"Vim em nome de Meu Pai, mas não Me recebeis"*. (João 5,43) Aos que acolheram esses impulsos foi dito: *"Conhecereis o Espírito de Verdade, porque (ele) habitará convosco e estará em vós"*. (João 14,17)

Durante a atual transição planetária, a energia crística volta a permear o planeta de maneira especial, e ressurgirá ainda mais claramente do que o fez até agora. Conforme anunciado, *"como um relâmpago, reluzindo numa extremidade do céu, brilha até a outra, assim será com o Filho do homem no seu dia"*. (Lucas 17,20)

A nova vida já se prenuncia no planeta, e pode ser percebida por muitos seres resgatáveis. Caracteriza-se pela energia feminina[22],

---

[22] **Energia feminina**. A energia em si é neutra, porém quando se manifesta na vida física cósmica ela pode assumir qualidade receptiva (feminina) ou criativa (masculina). A Terra atualmente ingressa em uma fase na qual a energia feminina caracterizará seus processos evolutivos.

pelo livre contato com os anjos criadores. Não tarda o dia em que haverá mais luz no céu, e em que este será mais que um firmamento, pois os horizontes terão se elevado e os homens traspassado os véus que os separam da Verdade e da Vida. Porém, antes que essa etapa de maior claridade possa instalar-se na superfície do planeta, será preciso completar-se o ciclo de transição, que inclui as fases de purificação e harmonização.

* * *

Jesus aparece ante Maria Madalena, revelando-lhe que se elevava ao Pai.

No decorrer da rearmonização do planeta, a qual contará com a atuação de hostes espirituais e divinas, estará sendo equilibrada a parcela mais densa dos débitos cármicos da Terra para com o sistema solar e o cosmos. Para que essa rearmonização possa se dar na intensidade necessária, será preciso que toda a humanidade seja retirada da superfície planetária. O destino de cada ser já está definido, as opções foram feitas, e seja qual for o caminho tomado, estará sempre sob a proteção do infinito amor cósmico. Como disse Cristo: *"Não se turbe o vosso coração. Crede em Deus, crede também em mim. Na casa de meu Pai há muitas moradas. Se assim não fosse, eu vô-lo teria dito. Vou preparar o lugar para vós. E depois que eu tiver ido e vos tiver preparado o lugar, virei novamente e tomar-vos-ei comigo para que, onde eu estiver, estejais também vós".* (João 14,3)

Os filhos da nova Terra poderão reconhecer-se como filhos do Sol, e as fronteiras que antes os circunscreviam aos limites planetários expandir-se-ão à vida solar.

* * *

O futuro

A redenção do planeta, quando mais plenamente realizada, permitirá à humanidade uma existência harmoniosa, de paz e de serviço ao Criador. Poucos serão os vestígios do seu passado conflituoso, ante a magnanimidade do que viverá. Os traumas dos tempos obscuros serão sanados pelos bálsamos de Amor e Vida que a Fonte única, desde agora, derrama sobre a Terra.

> *"Quando a mulher está para dar à luz, sofre porque veio a sua hora. Mas depois que deu à luz a criança, já não se lembra da aflição, por causa da alegria que sente."* (João 16,21)

* * *

A humanidade futura não mais se apresentará como um conjunto de grupos inconciliáveis, e que se contrapõem, situação dos dias de hoje. Os homens irão reconhecendo a sua unidade com a vida suprema, e a ela devotarão suas energias. Silenciosamente, o ser interno de cada indivíduo liberto dirá aos seus irmãos que se dirigem a essa união com o Espírito:

> *"Vós conheceis o caminho para ir aonde vou."* (João 14,4)

* * *

Acima do nível mental, o tempo cronológico inexiste. Assim, é possível hoje viver esse novo mundo, desde que se alcance a vida supramental. Para isso, o Cristo tocou o coração daqueles que estavam abertos a constituir a semente da nova vida; sobre estes, dirigiu-se ao Pai, dizendo:

"Como Tu Me enviaste ao mundo, também eu os enviei ao mundo. Santifico-Me por eles para que também eles sejam santificados pela Verdade". (João 17,18-19)

* * *

O campo para a semeadura está preparado, as sementes lançadas, é preciso apenas acolhê-las.

Dentro de cada ser vive uma Luz que luta por expressar-se; criada à imagem d'Aquele que sustém os universos, ela é transcendente e imanente. Mantém-se ocultada pelos véus da ilusão; entretanto, sua qualidade imanente confere-lhe a possibilidade de revelar-se na matéria por intermédio de cada expressão pura do Espírito. Reflete-se até mesmo nas rochas que espelham a perfeição na forma.

Aproximam-se os tempos em que se cumprirão definitivamente os destinos que as escolhas dos homens selaram. A vida material passa por convulsões, devido ao conflito que se estabelece no planeta como um todo; em cada partícula que insiste em manter-se nas trevas, o novo se choca no ultrapassado, o bem no mal.

Há sinais na terra, no ar, nas águas, no vento e nas folhas das plantas que ainda tentam voltar-se à Luz.

O homem foi avisado, mas não quis escutar; foi alertado, mas não quis seguir os sinais.

Que poderá dizer o homem acerca do próprio homem?

* * *

Portas abrem-se, revelam fronteiras longínquas que um dia também haverão de ser cruzadas. A chama de vida que arde no centro deste sistema solar alimenta e amplia o fulgor do seu prolongamento que vivifica a existência terrena. Chispas de amor do coração do Pai incendeiam tudo o que tocam, mergulhando o universo numa luz infinita.

Uma aurora de inefável beleza rasga o céu da Terra. Palavras não traduzem a aproximação da eternidade à diminuta consciência de um homem.

Em tempos passados chegaram a este planeta os Filhos do Sol. Vieram em carros de fogo; viveram entre os homens da Terra; em carros de fogo retornaram ao seu Reino sublime.

Deixaram ensinamentos, sementes de uma vida mais luminosa. Todavia, a humanidade não os compreendeu.

Hoje Eles retornam, trazendo consigo os Filhos das Estrelas Ardentes e os Filhos da Bem-Aventurança.

Sagrados são os tempos que prenunciam a nova Escola. Benditos são os nascidos do Arco Celestial, e que se dispuseram a morrer para a matéria; serão absorvidos na Luz da eternidade e não mais a deixarão.

Muitos dos que em remoto passado se perderam nas trevas, hoje caminham na Luz. Esta Terra, mesmo no pecado e no opróbrio, rendeu dádivas aos Céus. Acolheu aqueles que desceram ao abismo e os que do abismo se elevaram.

Novos tempos marcam este Tempo; novas luzes prenunciam a Grande Luz. Promessas dos Céus aos homens são agora cumpridas.

Parte II

AS INICIAÇÕES NA ATUAL TRANSIÇÃO PLANETÁRIA

Aspectos ocultos das Iniciações

As Iniciações de Cristo e de Jesus

As Iniciações são processos específicos de ampliação da consciência e refletem-se, de um modo inacessível à mentalidade racional, em toda a estrutura energética do ser que as vivencia. Para se compreender um pouco tal assunto — não como alimento para o intelecto, mas como auxílio para a sintonização com esse caminho que um dia toda a humanidade terá de trilhar — algumas simbologias podem ser utilizadas para demarcar as etapas que representam esses avanços, bem definidos, no desenvolvimento interior do ser.

O trabalho evolutivo que se realiza no planeta por intermédio de elevadas Consciências, como possam ser os Avatares[1], as Entida-

[1] **Avatar**. Consciência liberta da manifestação compulsória na matéria, mas que, ao atuar em mundos materiais a serviço do Governo Central do Cosmos, exprime em plenitude um dos aspectos divinos.

des[2] e os Logoi[3], é fonte de inesgotável ensinamento e, em muitos casos, está diretamente associado ao processo iniciático do reino humano. Além disso, manifestações dessas Consciências na superfície da Terra marcam o ingresso de toda a vida planetária em níveis energéticos mais altos, o que prepara Iniciações do seu Logos ou é reflexo delas.

O ensinamento espiritual transmitido pelo Mestre Tibetano (DK)[4], em meados deste século mostra que certas passagens narradas nos Evangelhos simbolizam as Iniciações que se dão no reino humano: cinco demonstradas por Mestre Jesus (da Primeira à Quinta Iniciação) e cinco por Cristo (da Segunda à Sétima Iniciação). Todavia, não se deveria deduzir que esses Seres tenham necessariamente passado por essas mesmas Iniciações ao vivenciar aqueles acontecimentos, pois a associação desses fatos com determinadas expansões de consciência é uma analogia que visa aproximar os estudantes a realidades abstratas e internas.

A interação da consciência do Mestre Jesus com a do Cristo ao longo dos três anos em que o Cristo atuou por intermédio de seu discípulo, Jesus, ainda não foi completamente desvelada para a humanidade. Apesar de a Entidade-Cristo ter permeado os diversos

---

[2] **Entidade**. Vórtice energético, de pura vida-consciência, que acolhe em seu núcleo o propósito a ser cumprido em determinado âmbito de um universo, âmbito no qual a Entidade atua. Em torno desse núcleo, reúnem-se consciências, em diferentes escalões vibratórios, que atuam como prolongamentos dessa Entidade na realização do propósito por ela custodiado. Um Conselho Intergalático, uma Sociedade Secreta interna, ou mesmo um grupo a serviço do Plano Evolutivo podem ser exemplos de Entidades.

[3] **Logoi**. Núcleos de consciência cósmica que guardam as chaves da manifestação dos universos. Cada planeta, sistema solar ou galáxia tem no seu Logos a origem e o fim da sua existência. O Logos é a vida, o pulsar e o alento do seu universo e de todas as partículas que o compõem. Um Logos reflete, em ponto menor, o mistério da Trindade primeva, podendo atuar simultaneamente em diferentes pontos do cosmos.

[4] Certa fase dos ensinamentos do Mestre DK encontra-se concentrada na obra de Alice A. Bailey.

corpos de Jesus no momento do batismo no Jordão, a assunção completa ocorreu, misteriosamente, apenas nos momentos finais vividos no Calvário.

Quando um ser se encontra no limiar da realização divina, ele deve encarnar para que seja consumado o seu encontro com a Fonte de vida flamejante, e para que os últimos e tênues laços com a existência terrena possam ser incinerados pelo ardor dessa Fonte. A energia produzida por esse desprendimento reverte-se sobre o planeta como bálsamos de cura, paz, luz e renovação.

Tendo em conta que numa dada encarnação o ser recapitula sinteticamente realizações anteriores e antecipa realizações futuras, lembramos o esclarecimento de DK, de que, de fato, o ser-Jesus teve sua Terceira Iniciação como Joshua, personagem bíblico. Esse ser, durante sua encarnação como Jesus, viveu dois grandes sacrifícios: um ao ceder o corpo para ser usado pelo Cristo, e outro, o da "grande renúncia" que é característica da Quarta Iniciação. A Quinta Iniciação ele a alcançou posteriormente, quando encarnado como Apolônio de Tiana[5]. Além disso, enquanto Jesus passava por várias ampliações de consciência que o levaram a alcançar a Quarta Iniciação (o que esteve simbolizado na crucificação), o Cristo vivia a culminação da Sexta Iniciação e avançava no preparo da seguinte.

A energia crística permeou o ser-Jesus e, em menor grau, também os Apóstolos. Estes chegaram a realizar curas e a expulsar forças involutivas da aura de outros seres, mesmo enquanto Jesus estava encarnado. Apesar de a energia crística ter estado continuamente presente em Jesus, a manifestação do Cristo por seu intermédio ocorria em momentos ou períodos específicos, ou seja, o Cristo não permanecia por tempo prolongado nos corpos materiais de Jesus. Assim, a evolução e o serviço dos dois seres nesse processo transcorreram por meio dos mesmos veículos: o ser-Jesus, representando a

---

5 Vide A NAVE DE NOÉ, do mesmo autor, Editora Pensamento, 1990.

coligação entre a humanidade e a Hierarquia planetária; e o ser-Cristo, representando a coligação entre a Hierarquia planetária e a solar. Os fatos da vida de Jesus (parcialmente descrita nos Evangelhos) devem ser lidos sob essa luz, que revela a concomitância da atuação desses seres nos três anos em que perdurou essa experiência.

Por meio dessa interação foi lançada, na aura planetária, uma semente que na etapa vindoura estará transformada em planta adulta, e que dará frutos. Trata-se da possibilidade de as mônadas atuarem nos planos materiais sem passar pelo nascimento físico e sem que o ser encarnado passe tampouco pela transmutação monádica. Com essa possibilidade, os veículos do ser encarnado são utilizados também por outra mônada, que se manifesta apenas pelo período necessário à realização do sublime trabalho que lhe cabe desenvolver nos planos materiais. Tal processo, todavia, não deveria ser confundido nem comparado com o que hoje ocorre nas incorporações de seres desencarnados em pessoas que a isso se prestam, pois essas incorporações são aberrações no desenvolvimento da humanidade, impulsos contrários ao propósito subjacente ao Plano Evolutivo, resquícios de desvirtuamentos ocorridos no período atlante. A sublime interação de Cristo e Jesus guarda as chaves da unificação do ser com a essência da vida, o Pai, sendo um referencial impecável para o estudante de hoje.

É importante lembrarmo-nos de que a energia crística é imanente à vida deste sistema solar, está sendo desenvolvida e deverá, no final deste ciclo sistêmico, chegar à sua perfeita expressão em todos os níveis de consciência. Essa energia, dentro do que era possível a um ser encarnado expressar na superfície da Terra há dois mil anos, já estava plenamente presente no ser-Jesus. Mas a manifestação do Cristo que ocorreu paralelamente por intermédio dos corpos de Jesus transcende esse fato.

Na interação dos seres Cristo e Jesus estão ocultas realidades que não chegaram a ser desveladas, exceto nos planos internos, a certos Iniciados. Porém hoje, com a energia trazida pela transição planetária e com a consumação da fase que foi aberta há dois mil anos, muitos véus rompem-se e a aproximação da humanidade à Hierarquia pode efetivar-se de maneira única na história da Terra.

Quando Cristo encarnou utilizando os corpos de Jesus, ocorreu uma conjuntura não apenas planetária e solar, mas também cósmica: um alinhamento entre Sirius, o Sol deste sistema, Vênus[6] e a Terra. O início de uma nova fase para o planeta tornou-se possível como decorrência da realização interior alcançada por Jesus e por Cristo. O Cristo representava a ligação do Sol e da Fraternidade de Sirius com a Terra, e Jesus a ligação da Terra com o Sol, por intermédio de Vênus; na unificação da consciência desses dois seres e no serviço por eles prestado por intermédio da matéria terrestre (os corpos do ser-Jesus), o circuito energético Terra-Vênus-Sol-Sirius pôde ser consolidado. O manancial de energias que fluiu por meio do Cristo nessa especial conjuntura era não apenas de nível solar, mas também cósmico, proveniente de Sirius. Nesse fato oculta-se a potência dessa manifestação crística, delicada e pacientemente preparada durante épocas pelas Hierarquias e por tantas outras manifestações que expressaram anteriormente a energia crística em menor voltagem.

> *"Porque Deus amou de tal modo o mundo, que lhe deu o seu Filho Unigênito, para que todo o que crê nele não pereça, mas tenha a vida eterna. Porque Deus não enviou seu Filho ao mundo para condenar o mundo, mas para que o mundo seja salvo por ele".* (João 3,16)

Deus (Vida, Sirius) enviou seu Filho (Amor-Sabedoria, Sol) ao mundo (matéria, Terra) para salvar o mundo (libertar o planeta do jugo das forças involutivas e introduzir a humanidade na vida eterna, nas leis evolutivas superiores).

* * *

---

[6] Paul Brunton, conhecido instrutor e escritor contemporâneo, também confirmou a profunda ligação do Mestre Jesus com Vênus.

O significado oculto da renúncia de Cristo e de Jesus

Independentemente da atitude da grande maioria dos homens da superfície da Terra diante da oportunidade cíclica que lhes estava sendo oferecida, atitude que por ser negativa determinou restrições à sua evolução, o fato de o ser-Jesus ter alcançado a Quarta Iniciação, ao mesmo tempo que o Cristo atingia a Sexta Iniciação, permitiu que a Terra saísse da etapa preparatória, etapa necessária e prevista, e avançasse para a transição que ora está se dando, possibilitando desse modo a salvação do planeta.

No passado, ao atingir a Segunda Iniciação o ser começava a aprofundar o seu aprendizado sobre a renúncia no mundo das formas, processo que nessa fase transcorria basicamente no nível astral terrestre. Na Quarta Iniciação, ele apreendia a renúncia no mundo das almas, permitindo que a essência do seu corpo causal fosse absorvida pelo fogo do espírito em um nível de consciência mais elevado. A esse fato está ligado o que esotericamente é chamado *a grande renúncia*. Na Sexta Iniciação ocorria *a suprema renúncia*, por meio da qual ele determinava a sua trajetória cósmica, assumindo integralmente o propósito emanado pelo Regente-Avatar e custodiado pela mônada, propósito que guarda as chaves do relacionamento do ser com o Logos planetário, com o Logos solar e com Aquele sobre o Qual nada pode ser dito. Essa descrição da Segunda, Quarta e Sexta Iniciações é adequada para a evolução das expansões de consciência própria da etapa passada da Terra, etapa na qual esses fatos, vividos por Cristo e por Jesus, ocorreram.

Assim, desde o batismo no Jordão até a grande entrega no Getsêmani, quando foi reconfirmado o cumprimento da Vontade cósmica para a Terra de maneira incompreensível para o homem comum (fato expresso na frase *"Faça-se a Tua vontade"*[7]), a energia

[7] Mateus 26,42.

do Cristo esteve conectada ao ser-Jesus, porém não totalmente encarnada em seus corpos materiais.

Desse modo, o episódio no Getsêmani e o da crucificação devem ser vistos como partes de um mesmo e único fato, que transcorria em níveis além dos condicionamentos de tempo e de espaço. No Getsêmani o Cristo realizou a suprema renúncia, consumada quando a consciência Cristo-Jesus abandonou os corpos materiais, ao "morrer"; no Getsêmani, sob a aura do Cristo, Jesus preparou-se para a grande renúncia, efetivada na crucificação e "morte" na cruz.

A "morte" de Cristo e de Jesus ocorrida sob tal conjuntura estava preparando a matéria planetária para acolher, no âmbito da evolução regular de toda a humanidade, a transcendência da Lei da Morte e da Lei do Nascimento físico, transcendência que estará acessível a muitos seres na etapa vindoura da Terra, e que nesta transição já o é em certo grau[8]. Não se deve comparar a "morte" de um homem comum com a "morte" de Jesus, nem a deste com a do Cristo; são três estágios evolutivos distintos, que podem ser representados por três situações distintas: um homem cego diante do nascer do sol, um que vê essa aurora e compartilha do calor e da luz trazidos por ela, e um que se unificou à essência da luz. Assim, nada existe de real nas projeções emocionais que durante séculos foram alimentadas em torno do sofrimento vivido por Cristo-Jesus na Paixão. A realidade é outra, e, sob véus, guarda a glória da redenção planetária.

No instante da "morte" na cruz, sintetizavam-se o impulso evolutivo irradiado para a vida planetária nos ciclos passados (muitos deles reencenados na vida de Jesus) e o impulso da fase futura, por meio da ruptura de um véu nos planos internos da existência.

> *"(...) E eis que o véu do templo se rasgou em duas partes de alto a baixo, e a terra tremeu ..."* (Mateus 27,51)

---

8 Vide SINAIS DE CONTATO, do mesmo autor, Editora Pensamento, 1989.

A Sexta Iniciação e parte da Sétima foram alcançadas simultaneamente pelo Cristo; naquela experiência, ele pôde consumar as etapas da Sétima Iniciação concernentes aos níveis materiais. Ao longo desses últimos dois mil anos, esse processo desenvolveu-se e culminará com o *reaparecimento do Cristo* no interior de cada ser.

Somente após a renúncia de Jesus, houve possibilidade de o Cristo aproximar-se mais intensamente de seus corpos no mundo tridimensional. Isso ocorreu dessa maneira para que o Mestre Jesus, ao imprimir na matéria de todo o planeta a energia de renúncia, preparasse essa matéria para ser assumida pelo Cristo, fato que se consumaria dois mil anos depois. Além disso, conjunturas cósmicas determinavam que as Iniciações desses dois seres se dessem exatamente assim, abrindo um canal de coligação dos planos materiais com a Vontade logóica, por meio da energia da renúncia ali irradiada em tão intenso grau: a grande renúncia, expressa por Jesus, e a suprema renúncia, expressa por Cristo.

A energia do sacrifício, reconhecida de maneira especial na Quarta Iniciação, era, na etapa passada, desvelada ainda em maior profundidade quando o ser alcançava a Sexta Iniciação e, ao decidir sua trajetória cósmica, defrontava-se de maneira única com o Propósito do Logos da Terra e com o grande sacrifício por ele realizado ao assumir a manifestação deste planeta. Era necessário que tanto o discípulo Jesus quanto o Cristo passassem pela "morte" no desfecho da crucificação. A doação da energia crística aos que haviam acolhido a sua Luz, e também àqueles que não a compreenderam, devia ficar impressa na vida de superfície com a potência não apenas própria de um Mestre, mas própria de um Avatar.

A completa encarnação do Cristo em corpos humanos, mesmo corpos cuidadosamente preparados para isso durante épocas, não poderia prolongar-se por mais do que algumas horas. A partir da renúncia expressa no horto de Getsêmani, teve início a fase final da transmutação do ser-Jesus, possibilitando esse acontecimento.

Inacessíveis para a mente analítica são as nuanças ocultas desse processo. Para se apreender algo desse incomensurável manancial de graça e renovação para a vida planetária, é preciso ter presente a concomitância da existência nos diferentes níveis de consciência, e abstrair-se de projeções humanas sobre essas realidades, que não mais pertencem ao reino humano, mas ao infinito reino do Espírito. Desse modo, mais facilmente se pode aceitar que um mesmo fato tenha sido, em certos momentos, vivido de maneira diferente por dois seres "encarnados" nos mesmos corpos. Não eram as leis que normalmente regem a evolução que se dá sobre a Terra que estavam ali atuando, mas outras leis, que sob as bênçãos da Fraternidade de Sirius desciam sobre o planeta.

> *"(...) Em verdade vos digo: vereis o céu aberto e os anjos de Deus subindo e descendo sobre o Filho do homem."*
> (João 1,51)

Assim, na crucificação o ser-Jesus alcançou a Quarta Iniciação; ao mesmo tempo, paralelamente, no ser-Cristo consumava-se a Sexta Iniciação. Desse modo, ocultamente, o 4 (Quarta Iniciação de Jesus) somava-se ao 6 (Sexta Iniciação do Cristo), resultando no 10, número do Homem Perfeito, expressão da Divindade Criadora dos universos, caminho da realização do ser na Unidade cósmica.

O impulso enviado à Terra há dois mil anos encerrará na atual transição planetária o seu ciclo de atuação. Além disso, o processo iniciático também está passando por uma transição, e esta perdurará até que se implantem as Iniciações segundo uma estrutura energética própria dos tempos futuros, quando a conjuntura vibratória de todo o planeta será outra: as forças involutivas terão seu campo de ação reduzido ao mínimo, a humanidade que habitará a superfície terrestre terá o novo código genético (GNA) incorporado e, assim, unida à Hierarquia, poderá perceber, acatar e realizar mais facilmente os desígnios supremos do Logos da Terra.

Na transição planetária, evidenciada por tudo o que ocorre nos dias de hoje, estão sendo dadas aos seres humanos oportunidades inacessíveis em épocas ditas "normais". Aqueles que se acercam dos Portais do Templo Interno com sinceridade, pureza de intenção, humildade, aspiração por entregar-se unicamente à vida interna e só a ela servir são permeados por Graças que lhes permitem adiantar-se rapidamente no *Caminho da Revelação*.

Na lei do carma material, toda ação desencadeia uma reação a fim de que se alcance o equilíbrio. Essa lei atua nos níveis concretos dos universos; deriva da Lei única (como as demais leis), e reflete nos níveis mais densos da existência aspectos da Lei de atração magnética. Portanto, cada entrega sincera à vida interna atrai uma resposta de núcleos sublimes; todo ser que verdadeiramente se deixa conduzir pela Sabedoria do Espírito é por ela acolhido. Com o mesmo cuidado, beleza e perfeição que a Fonte de vida se expressa em cada aurora, ela constrói o caminho para cada um dos seus filhos retornar à Morada cósmica.

Iniciações hoje

O processo iniciático nesta transição

As três primeiras Iniciações fundamentam-se na aproximação da alma aos corpos materiais do ser; visam permitir que a matéria seja permeada pela energia interna e fazer com que esta possa expressar-se livremente nos níveis concretos, redimindo-os. Para que isso seja possível, os núcleos de consciência do ser nos níveis espiritual, intuitivo e causal já devem ter adquirido certo alinhamento com a mônada; caso contrário, o impulso monádico não pode chegar até a matéria densa, por não contar com um canal adequado para a sua transmissão.

O controle dos corpos físico-etérico, astral e mental, a consecução do alinhamento entre eles e deles com a alma, exigiu até hoje muita dedicação, perseverança e esforço do ser por várias vidas. De reações emocionais negativas e atos de pouca amabilidade, o ser vai passando a atitudes externas e internas em consonância com padrões espirituais; num primeiro estágio ele consegue sustar suas ações de desarmonia, mas ainda não tem controle sobre suas emanações astrais e menos ainda sobre as mentais, como por exemplo os pensamentos de ira ou de revolta, que, mesmo sem se exteriorizar, atuam nos níveis sutis. Num estágio seguinte, ele já conseguia dominar suas emoções e, numa outra fase, também os pensamentos.

As três primeiras Iniciações podem ser sinteticamente compreendidas como etapas nas quais o controle da ação, do sentimento e do pensamento é conferido ao ser; nesse caso, não é mais o ego que dirige as forças humanas, mas a alma, que passa a predominar. Por meio dessas Iniciações, o ser alcança um estado no qual se torna "senhor dos seus corpos materiais"; porém, as reações e resistências desses corpos permanecem, embora cada vez mais reduzidamente, até que ele cruze o portal da Quinta Iniciação.

* * *

Notas introdutórias

As Iniciações facultam ao homem o uso de energias fundamentais para a manifestação da vida e da matéria que compõem os níveis de existência no universo. Essas energias são: o fogo fricativo, o fogo elétrico e o fogo cósmico.

O fogo fricativo qualifica todo o nível físico cósmico, mas manifesta-se predominantemente nos subníveis materiais. É a principal energia expressa nos processos construtivos e destrutivos que ocorrem nas esferas mais densas da existência terrestre (mental, emocional e física-etérica). É fruto do contato de energias sutis (os fogos elétrico e cósmico) com a matéria concreta. Tem o atrito como expressão básica.

Ao expressar sua vibração mais elevada, o fogo fricativo imanente à substância mental pensante faz surgir uma centelha iluminativa, reflexo da Luz causal, centelha que permite à mente reconhecer a idéia que representa o propósito da vida do ser naquela fase de desenvolvimento; permite-lhe ainda construir, com o pensamento, uma imagem dessa idéia e planejar a vida externa segundo essa imagem.

No nível emocional, a expressão superior do fogo fricativo permite a construção do que se pode chamar de "vórtices energéticos de agregação". Ao receber os estímulos de fogos mais potentes, o ser responde no nível emocional por meio do fogo fricativo. Sendo assim estimulado, esse fogo faz surgirem esses vórtices, que são desejos puros e elevados que atraem para seu centro a energia do objeto almejado.

A importância do controle do pensamento foi muito divulgada pelo Ensinamento nas últimas décadas, mas o estudante nem sempre percebe que o pensamento é, simbolicamente, como a centelha que dá partida ao funcionamento de um automóvel, e que, sem o combustível que é o mundo da emoção, esse automóvel não pode seguir adiante. Nessa analogia, o movimento do automóvel está associado à ação do homem, e o do motor ao aspecto moldador das formas exteriores; vê-se que o combustível deve estar isento de impurezas para que o carro ande como convém e o motor funcione adequadamente.

Essa centelha, originária da estimulação do fogo fricativo no nível mental, tem em si o poder de instigar os demais corpos inferiores a agir na direção apontada pela mente. Hoje, a atenção do homem deve estar enfocada acima do nível mental, pois, estando nessa sintonia superior, a mente determinará uma qualidade de vibração mais elevada aos níveis inframentais do ser.

O fogo elétrico é a energia característica da vida nos níveis intuitivos e espirituais. É caracterizada pela polaridade, pela interação harmoniosa de correntes opostas, de modo a criar um campo de tensão que permita o surgimento da Luz.

O fogo cósmico é a energia própria dos níveis monádico e divino. Sua essência expressa-se principalmente por meio de irradiação em nível supra-humano.

Primeira Iniciação

A Primeira Iniciação atua principalmente no relacionamento da alma com a consciência do corpo físico-etérico do ser. É uma Iniciação na qual o controle do aspecto modelador das formas, impulsionado no nível físico pelo fogo fricativo, passa a ser exercido pela alma em maior grau. Isso não significa que ela alcance total domínio desse fogo, mas nessa etapa lhe é propiciado o desenvolvimento desse aprendizado.

De um ponto de vista mais interno, essa Iniciação corresponde ao início de um alinhamento mais preciso dos núcleos de consciência do ser, desde a mônada até a alma. Então ocorre o que se observa quando limalhas de ferro são aproximadas de um imã que lhes confere uma organização tal que permita a circulação das suas correntes magnéticas.

Torna-se claro, portanto, que o processo iniciático é sempre vivido a partir dos núcleos internos do ser. Se a mônada não fosse ativada e não alcançasse potenciais energéticos mais elevados, ela não conseguiria estimular o alinhamento dos núcleos inframonádicos. Essa ativação da mônada decorre de desenvolvimentos que se dão em níveis ainda mais profundos, na consciência do Regente-Avatar[1].

A mônada pode contar com intermediários "externos", com Consciências elevadas, para efetivar a estimulação do ser nos vários níveis de existência, para nele fazer circular a sua energia, e isso dependerá de ela necessitar ou não desse auxílio. O processo iniciático na Terra, desde o período atlante, requer tal ajuda.

---

[1] **Regente-Avatar**. Núcleo central do ser. O Regente-Avatar é a centelha divina, o verdadeiro e eterno peregrino; exprime-se no decorrer da sua trajetória evolutiva por meio de doze prolongamentos: sete mônadas, canais de contato com o universo manifestado, e cinco Princípios, interligações com o universo imanifestado. Vide também SEGREDOS DESVELADOS *(Iberah e Anu Tea)*, do mesmo autor, Editora Pensamento, 1992.

Na Primeira Iniciação, com um maior alinhamento dos núcleos internos de consciência do ser com a mônada, a energia monádica, espelhada como Luz da alma, permeia os três átomos permanentes[2] e, de maneira especial, o átomo permanente físico, que começa a elevar sua vibração. Assim, sob essa estimulação da alma, a energia do nível físico-etérico começa a entremear-se com a de níveis mais sutis.

Essa estimulação, trazida pela Luz da alma, vai progressivamente aumentando no decorrer das três primeiras Iniciações; começa a atuar a partir do nível mais denso e vai se sutilizando. Dentre os átomos permanentes, o físico é o que tem a vibração mais lenta, sendo o mais materializado dos três; assim, ele é o primeiro a entrar em ressonância com essa energia. Quando ocorre essa ressonância entre o átomo permanente físico e a Luz irradiada pela alma, ele começa a vibrar em subníveis mais elevados, e gradualmente se transforma até chegar aos estratos mais altos do nível físico, onde aguardará a completa absorção da sua essência no centro do ser.

Enfim, na Primeira Iniciação o ser passa a integrar um novo escalão da Hierarquia, e reconhece seu Grupo Interno, no qual penetrará cada vez mais profundamente até que, ao atingir a Terceira Iniciação, tenha maior acesso também aos demais Grupos Internos ativos no planeta.

Segunda Iniciação

Essa Iniciação é alcançada pela superação de muitos embates, pois está diretamente relacionada ao nível astral terrestre. Enquanto a Primeira Iniciação equivale ao mergulho do ser no grande oceano da consciência, a trajetória para se alcançar a Segunda pode ser vista

---

[2] Os átomos permanentes, ou átomos-semente, são a síntese de toda a experiência do ser nos níveis materiais desde o seu ingresso no reino humano. Cada um dos corpos do ser nesses níveis tem um átomo permanente.

como a luta de um náufrago nos redemoinhos das águas mais perigosas desse oceano; todavia, são lutas necessárias para que o ser possa chegar a ter supremacia sobre essas águas e encontrar mares mais serenos.

O caráter probatório dessa etapa é vivido com grande ênfase pelo iniciando, devido aos reflexos desse processo no seu corpo astral, que por natureza tende a exacerbar suas reações. A harmonia e o equilíbrio são duas das metas dessa Iniciação, que pode ser vista como uma depuração aguda, que normalmente leva mais de uma encarnação para se completar; porém, em tempos de oportunidade como os de hoje, pode-se numa só vida percorrer muitas etapas — o que tem acontecido freqüentemente.

Quando a energia da alma atinge maior potência e consegue permear os subníveis astrais, fazendo com que a substância desses subníveis vibre em sintonia com o seu diapasão, ocorre uma grande crise no ser, que é a consumação da Segunda Iniciação; portanto, estabelece-se uma ressonância entre o átomo permanente astral e a energia da alma.

Um Iniciado de segundo grau tem acesso a setores dos Grupos Internos que são vedados aos de primeiro grau. Nessa fase, ele está filiado à Hierarquia de modo mais firme e com laços mais consolidados que na anterior; porém, somente na Terceira Iniciação ele passará do nível de filiado para o de membro.

Nesse segundo estágio a alma experimenta maior controle sobre o fogo fricativo, que no nível astral exprime-se por meio dos vórtices energéticos de agregação. A alma recebe a oportunidade de exercitar sua capacidade de estimular a manifestação do Plano Evolutivo no nível astral terrestre, ao criar emanações puras sob a forma de desejos elevados. Contudo, esse exercício é conduzido por Regências Maiores, supra-humanas, e não visam o contentamento da alma.

Dado o alto grau de ilusão e de astralismo que ainda envolve a humanidade de superfície, ao se abordar esse tema das Iniciações faz-se necessário repetidamente ressaltar que esse processo não visa à realização do indivíduo nos níveis humanos, e tampouco à confirmação de ideais, mas à fusão desses e de todos os demais níveis, sucessivamente, no centro do ser. É o caminho para a vida supracorpórea, e para o contato com as realidades imateriais.

Terceira Iniciação

Nessa Iniciação consuma-se o alinhamento entre os núcleos do ser nos níveis espiritual, intuitivo e causal, alinhamento que havia começado a se efetivar na Primeira Iniciação. Nela, o ego como um todo é subjugado pela potência do espírito refletida no espelho interior da alma; a partir dessa "grande crise", os corpos do ser nos três níveis humanos passam a manifestar, de maneira mais fiel, o que a alma lhes envia como impulso. Nessa Iniciação ocorre, de modo definitivo, a fusão da personalidade na alma. É um momento glorioso na vida do ser, com reflexos marcantes na evolução de toda a humanidade.

É interessante observar aqui a relação que existe entre a Quinta, a Terceira e a Primeira Iniciações, pois esse alinhamento começado na Primeira, consuma-se na Terceira, e é finalmente absorvido em um canal de comunicação direta do núcleo espiritual com a consciência cerebral do ser na Quinta Iniciação.

Um fato importante está ocorrendo na atual transição planetária, prenunciando o futuro mecanismo das Iniciações. Enquanto, no passado, apenas na Quarta Iniciação o átomo mental permanente era totalmente permeado pela energia do espírito (por situar-se no primeiro subnível do nível mental abstrato, portanto, no próprio nível de existência da alma), na atual transição, por ter o núcleo causal começado a trasladar-se para o nível intuitivo, esse átomo pode ser elevado em sua vibração e permeado pelo fogo monádico na Terceira Iniciação. O que, no passado, na Terceira Iniciação, ocorria com um núcleo mental situado na mente pensante, ou mente concreta (núcleo denominado nos textos esotéricos "unidade mental"), passa, desse modo, a ocorrer com o próprio átomo mental permanente. Essa possibilidade é fruto da fusão dos planos de consciência e da elevação vibratória de todo o planeta.

Certos fatos da vida de Jesus simbolizam as Iniciações conforme elas se davam na etapa passada da Terra, e deixam vislumbrar o mecanismo em vigor na atual transição. Todavia, o processo iniciático futuro seguirá padrões arquetípicos que apenas agora começam a refletir-se de modo mais claro nos estratos etéricos do planeta.

O umbral da Terceira Iniciação está apresentado nos Evangelhos na Transfiguração de Jesus diante de três apóstolos.

Quarta Iniciação

A Quarta Iniciação guarda as chaves da redenção do ser, o que atualmente é consumado na Sexta Iniciação. Nessa Quarta Iniciação, uma parte do corpo da alma é dissolvida, e o fogo da mônada, a jóia no centro do lótus de mil pétalas, então resplandece, revelando no nível causal a glória dos Filhos de Deus. A essência do corpo causal integra-se ao corpo de Luz[3], polarizado no nível espiritual (ou átmico), e enriquece esse corpo; essa fase é parte do preparo para a absorção, pela mônada, de todos os núcleos inframonádicos.

Intimamente ligada ao *Mistério do Sacrifício*, essa Iniciação permite ao ser acercar-se um pouco mais da Realidade cósmica por meio da renúncia ao mundo anímico: a vida da alma e sua projeção nos três níveis do viver humano são "dissolvidas" em louvor a uma existência superior; o vertical alinha-se perfeitamente com o horizontal e deixa-se absorver no centro da cruz formada por essas duas correntes de energia.

---

[3] Vide O NASCIMENTO DA HUMANIDADE FUTURA, do mesmo autor, Editora Pensamento, 1992.

Toda a experiência do ser nos planos materiais, até então custodiada pela alma, completa um ciclo; essa experiência é absorvida pelo fogo libertador do espírito, e rompe-se o véu que separava a consciência do ser do nível espiritual.

Como o processo iniciático está passando hoje por profundas transformações, torna-se difícil tabular de maneira precisa as experiências que são vividas nas sucessivas Iniciações, dado que, dependendo do potencial monádico já despertado e do destino do ser após a transição planetária, o limiar entre uma Iniciação e outra é deslocado, e certas fases, que seriam da Iniciação seguinte, são antecipadas. Há de se considerar também que isso está ocorrendo de maneira grupal, ou seja, todo um grupo de mônadas é permeado por um potente impulso energético, e, sob uma única onda vibratória, cada mônada dá o passo que lhe corresponde e cruza o portal que se encontra diante de si. Em vista disso, o estudante deve abstrair-se de regras fixas e penetrar naquilo que ocultamente é chamado a Lei da Necessidade. Essa Lei, terceiro vértice do triângulo formado com a Lei do Sacrifício e a Lei da Renúncia, está ativa e governando de modo especial a elevação da consciência dos seres nestes tempos.

Quinta Iniciação

Atualmente, nessa Iniciação o fogo da mônada resplandece em plenitude no âmago do corpo de Luz, e ao ser é dado atuar nas Escolas Internas[4]. Assim, a malha da ilusão terrestre é totalmente desfeita, e a realidade logóica apresentada sem véus ao Iniciado. O propósito da existência planetária é por ele vivenciado como a chama que

---

[4] **Escolas Internas.** Campo de serviço e de aprendizado interior de todas as humanidades deste sistema solar. Atuam do nível monádico ao causal, sendo que cada um dos doze Grupos Internos do planeta está diretamente coligado a uma específica Escola Interna, e é dela expressão. Vide SEGREDOS DESVELADOS *(Iberah e Anu Tea)*, do mesmo autor, Editora Pensamento, 1992; e A CRIAÇÃO *(Nos Caminhos da Energia)* idem.

arde em seu interior, a primeira sílaba do som do Logos solar é por ele apreendida, e o seu destino cósmico visualizado.

Certos fatos que, no passado, pertenciam à Sexta Iniciação estão hoje incorporados à Quinta. Nesta época de transição, em que os portais da órbita planetária abriram-se e estão sendo alinhados com os portais da órbita solar, muitos seres, ao alcançarem a Quinta Iniciação, já estão decidindo qual o seu destino cósmico e preparando-se para seguir por essa senda.

Essas mudanças no mecanismo das Iniciações tornam-se possíveis pelo fato de o Logos da Terra ter sido transmutado, e pela presença e atuação de vários seres e entidades extra-sistêmicas na órbita do planeta. Todavia, ainda é válida a asserção do Cristo: *"Quão estreita é a porta, e quão apertado o caminho que conduz à Vida, e quão poucos são os que acertam com ele!"* (Mateus 7,14)

Sexta e Sétima Iniciações

> *"(...) O que faz a Vontade do meu Pai, que está nos Céus, esse entrará no Reino dos Céus."* (Mateus 7,21)

Hoje, misteriosamente, a Sexta e a Sétima Iniciações fundem em si os processos antes vivenciados na Sétima, Oitava e Nona Iniciações.

Lembrando que atualmente o limiar entre as Iniciações pode deslocar-se conforme o destino do ser e o nível de contato entre a mônada e o Regente-Avatar (fato que se reflete no grau em que a mônada já despertou para realidades maiores), poderíamos, para efeito de estudo, estabelecer a seguinte correspondência entre o mecanismo iniciático em vigor na atual transição planetária e o do passado:

Iniciações hoje (*)	Iniciações no passado
Primeira Iniciação	Primeira Iniciação e aspectos da Segunda
Segunda Iniciação	Segunda Iniciação e aspectos da Terceira
Terceira Iniciação	Terceira Iniciação e aspectos da Quarta
Quarta Iniciação	Quarta Iniciação e aspectos da Quinta
Quinta Iniciação	Quinta Iniciação e aspectos da Sexta
Sexta Iniciação	Sexta Iniciação e aspectos da Sétima e da Oitava Iniciações
Sétima Iniciação	Aspectos da Sétima e da Oitava Iniciações e Nona Iniciação

(*) O processo iniciático hoje está em uma fase de transformação e, portanto, os limites entre uma etapa e outra não são fixos.

Na etapa iniciática correspondente à Sexta e à Sétima Iniciações, o ser libera-se totalmente do nível físico cósmico[5], filia-se de maneira direta à Fraternidade de Sirius, reconhece desveladamente o mistério do mal cósmico e rompe o contato com essas forças obscuras que compõem a chamada irmandade das trevas; o caminho do ser é então o da síntese no Regente-Avatar, o da vida Divina, rumo à evolução Inanimada.

---

[5] **Nível físico cósmico**. Faixa de maior densidade da consciência cósmica, isto é, desde o nível divino (subdivisão mais sutil do nível físico cósmico) até o físico-concreto; nela se manifestam as mônadas que fazem experiência na Terra. Vide SEGREDOS DESVELADOS *(Iberah e Anu Tea)*, do mesmo autor, Editora Pensamento, 1992.

PROCESSO INICIÁTICO NA ATUAL TRANSIÇÃO PLANETÁRIA (*)

Iniciação	Energia de Raio	Qualidade da Energia	Aspecto estimulado no homem
I	VII Raio	Ordem e cerimonial	Reestruturação e elevação da matéria do nível físico-etérico e da matéria dos três subníveis mais densos do nível astral (emocional), com base no padrão arquetípico a elas correspondente, preparando-as para a fusão desses níveis.
II	VI Raio	Devoção e idealismo	Reestruturação e elevação da matéria dos quatro subníveis mais elevados do nível astral e da matéria dos três subníveis mais densos do nível mental, com base no padrão arquetípico a elas correspondente, preparando-as para a fusão desses níveis.
III	V Raio	Ciência sintetizadora	Reestruturação e elevação da matéria do nível mental com base no padrão arquetípico a ela correspondente; os três níveis da personalidade fundem-se na energia da alma, que já está se polarizando no nível intuitivo.
IV	IV Raio	Harmonia	Elevação da essência causal e sua absorção pelo fogo do Espírito, nessa fase polarizado no corpo de Luz.
V	III e II Raios	Amor por meio do serviço	Dissolução dos tênues véus que ainda separam a consciência da realidade essencial da existência planetária; escolha da trajetória cósmica do ser.
VI	II e I Raios	Síntese e poder por meio do amor	Revelação da origem do mal cósmico presente neste planeta e neste sistema solar; redenção.
VII	II Raio (**)	Amor-Sabedoria	Total liberação do nível físico cósmico; elevação do Regente-Avatar.

(*) Vide no parágrafo anterior observações específicas sobre o processo iniciático nestes tempos.

(**) Sintetizando os outros seis Raios.

Relembramos que os limites entre as Iniciações podem ser alterados, principalmente a partir da Quinta Iniciação, dependendo da conjuntura passada, presente e futura do Iniciado e do grupo de mônadas ao qual ele está coligado. Portanto, esta tabulação é apenas uma referência de aspectos gerais do mecanismo de hoje, para efeito de estudo.

* * *

As Iniciações e os centros etéricos do ser

O contato com realidades internas e imateriais por meio de símbolos desenvolve no homem a capacidade de construção de formas-pensamento que correspondem à vida abstrata. Assim, a mente humana passa por um treinamento indireto que a integra a tarefas de etapas futuras que já se anunciam.

Ao receber, por exemplo, a informação de que a Raça Atlante foi regida por Varuna, o Senhor das Águas; que a Raça Ária é regida por Agni, o Senhor do Fogo, e que a Sexta Raça será regida por Indra, o Senhor do Ar, a mente coliga-se com uma imagem e com uma idéia que a permeiam com a energia que subsiste por detrás dessa simbologia.

A vontade da Fonte de Vida e o seu propósito para a Criação devem ser traduzidos em impulsos compreensíveis para o homem, pois a ele cabe colaborar na construção das formas indicadas em tais impulsos. Esse trabalho de construção permite que a *Face* da vida seja espelhada pela matéria; ele assume, porém, diferentes conotações em cada nível de consciência.

A construção de uma obra no nível físico implica etapas diversas das que dizem respeito à construção de uma virtude ou das condições para a superação de um aspecto emocional ou mental que impeça o avanço evolutivo do ser. Assim, cada nível de consciência tem o próprio mecanismo de trabalho, e cabe ao homem aprender a lidar corretamente com eles.

A existência é una, todos os seus setores são interligados. O que ocorre em um nível de consciência reflete-se nos outros, pois são partes do corpo de manifestação do Criador. Portanto, as transformações advindas da evolução do ser em um dado nível podem acarretar transformações igualmente fundamentais ao repercutirem nos demais níveis.

Esse é um dos motivos pelo qual o trabalho direto sobre os corpos materiais (físico-etérico, emocional e mental) não é o indicado para o ser humano na atual fase de transição planetária. Sabendo da unicidade da vida e da comunhão entre os níveis de consciência, o indivíduo que hoje caminha diligentemente ao encontro da realidade interna deve simplesmente voltar-se para os núcleos mais internos e puros do seu ser e, numa dedicada abertura, sintonizar-se com a energia que deles é emanada. Esse é o caminho dos que sabem que não há tempo a desperdiçar com lutas e atritos.

O aperfeiçoamento por meio do fogo fricativo, método usado por quase todos até hoje, deve ser substituído pela transformação guiada por fogos (energias) mais sutis, o fogo elétrico e o cósmico. A evolução impulsionada por esses últimos dá-se principalmente pela atração magnética (no caso do fogo elétrico) ou pela sutilização desencadeada por meio da potencialização da energia cósmica do ser (no caso do fogo cósmico), e não tanto pela remoção dos obstáculos por meio do atrito.

A sintonia do ser com a vida espiritual, mantida firmemente, sem as dúvidas que o egoísmo cria, pode alçá-lo a níveis de pureza e potência capazes de destruir suas ligações com as forças materiais. Porém, esse processo é gradual, e nele o ser avança a cada vez que, numa abertura sincera e desinteressada, entrega sua vida nas mãos do seu Regente Interno.

Quando o ser atinge o estágio de libertação dos vínculos mais grosseiros com a vida material, ele pode servir como mediador dos impulsos que a Hierarquia emite para a humanidade e para os reinos infra-humanos, impulsos que devem chegar até os planos mais densos da manifestação. A possibilidade de um indivíduo assim colaborar com o trabalho da Hierarquia depende basicamente do seu grau de entrega à condução interior.

Aqueles que já puderam transitar pelos "mundos do akasha" sabem que ali se encontram codificados todos os registros, do princípio ao fim da Criação. A humanidade terrestre deve desenvolver a capacidade de abstração, de relacionar-se com símbolos e energias que transcendem seus já cristalizados mecanismos mentais. Essa capacidade emerge com a ativação da glândula pineal, que passa a conduzir o despertar da glândula pituitária no ser. A glândula pineal guarda a ligação da vida material com a vida interior, ao passo que a glândula pituitária pode, se corretamente desperta, atuar na transformação do mecanismo mental do homem, expandindo-o do racionalismo à intuição[6].

Também a conformação físico-etérica do homem está passando por mudanças profundas. O fato de o sistema energético composto por sete chacras estar sendo sintetizado em três centros principais — os centros do consciente direito — denota essa mudança.[7]

Os centros etéricos têm direta relação com as glândulas do corpo físico. No sistema energético do homem na etapa planetária anterior, ou seja, no sistema energético dos chacras, essa ligação era a seguinte:

Centros (chacras)	**Glândulas / Órgãos**
Centro da cabeça	Pineal
Centro ajna	Pituitária
Centro da garganta	Tireóide
Centro cardíaco	Timo
Plexo solar	Pâncreas
Centro sacro	Órgãos reprodutores
Centro da base da coluna	Supra-renais

[6] A glândula pituitária está diretamente ligada à integração da personalidade; a pineal, à fusão personalidade-alma.

[7] Vide MIZ TLI TLAN - *Um Mundo que Desperta*, do mesmo autor, Editora Pensamento, 1989.

A futura constituição dos corpos materiais do homem, moldada pelo código genético GNA, revelará coligações etéricas diferentes do antigo sistema de chacras. A atual fase de transição, que possibilitou o despertar do consciente direito, é uma etapa de ajustes e de reordenação da energia do ser, e prepara a implantação de um sistema etérico que funcionará segundo novos padrões. Deve-se levar em conta a fusão, que também está ocorrendo, de níveis de consciência. Essa fusão traz conseqüências diretas ao inter-relacionamento dos corpos do ser humano.

A energia do centro do alto da cabeça, do centro ajna e do centro da garganta estão em via de fundir-se, tornando-se em um único centro, o cerebral direito, no qual a capacidade cognitiva e a capacidade criativa do ser humano poderão unir-se, levando-o a um maior equilíbrio no seu relacionamento com a vida externa. A atividade mental pensante passará, gradualmente, ao âmbito subconsciente, tornando-se um mecanismo automatizado no ser, assim como hoje são as funções orgânicas do corpo físico.

O plexo cósmico do homem (localizado do lado direito do corpo, abaixo da última costela) ao despertar atrai para si a energia do plexo solar, do centro sacro e do centro da base da coluna.

O centro cardíaco direito, ao ativar-se, sintetiza a energia do centro cardíaco do antigo sistema de chacras, e recebe também uma parcela da energia do plexo solar e do centro da garganta.

Assim como a energia transmigrou-se de Shamballa para Miz Tli Tlan, despertando o segundo e conduzindo o primeiro a uma fase de "adormecimento", processo semelhante ocorre com o despertar dos centros do consciente direito e a desativação dos chacras. Isso se dá por meio do deslocamento da energia que vitalizava os chacras, e não pelo deslocamento do antigo sistema em si. Tal mudança está sintetizada na seguinte tabela:

Centros do consciente direito cuja ativação absorveu a energia dos chacras	Chacras cuja energia foi absorvida nos centros do consciente direito
Centro cerebral direito	Centro da cabeça Centro ajna Centro da garganta
Centro cardíaco direito (*)	(Centro da garganta) Centro cardíaco (Plexo solar)
Plexo cósmico	Plexo solar Centro sacro Centro da base da coluna

(*) Nessa reestruturação dos centros energéticos do ser, o centro cardíaco direito absorve uma parcela da energia do centro da garganta e da energia do plexo solar, além da totalidade da energia do chacra cardíaco.

O processo iniciático na etapa evolutiva passada (que terminou em 8.8.88) estabelecia a seguinte relação entre as Iniciações e os chacras, humanos e planetários:

Iniciação na etapa passada	Centros energéticos ativados
I	Centro sacro
II	Plexo solar
III	Centro ajna
IV	Centro cardíaco
V	Centro da base da espinha
VI	Centro da garganta
VII	Centro do alto da cabeça
VIII	Hierarquia
IX	Shamballa

Quanto ao atual período de transição, o potencial energético dinamizado pelas Hierarquias nos níveis internos da vida planetária transcendeu aquilo que, a princípio, estava programado. Há tempos essa fase está prevista, porém a forma como ela se desenvolveria e se manifestaria nos níveis materiais dependia muito da resposta da humanidade. Mesmo essa resposta tendo sido mínima, as Hierarquias supriram com o que, dentro da Lei, era possível.

Há aspectos ainda ocultos na coligação entre a Terra e Sirius. Essa coligação reflete-se diretamente no desenrolar das transformações do processo iniciático. As adaptações e mudanças que ora ocorrem fazem parte do preparo para a etapa vindoura; dizem respeito à ativação de centros energéticos específicos do grande corpo do Logos planetário e do Logos Solar, que passam a vibrar em um novo diapasão.

As Iniciações no reino humano são, em realidade, apenas uma fração do processo iniciático logóico; cada ser humano que alcança uma Iniciação e que assim atinge um patamar vibratório superior, ardendo em fogo e luz nesse novo nível, é um átomo do corpo logóico que se elevou. Do mesmo modo que o circuito das energias no homem passa, nestes tempos, por mudanças profundas, em que os centros do consciente direito são ativados, o circuito energético do próprio Logos da Terra passa também por transformações. Como exemplos dessas transformações temos o despertar da polaridade feminina, receptiva, do planeta, expressa pelo centro intraterreno de Miz Tli Tlan, e a manifestação do novo mecanismo iniciático do reino humano.

Visto assim, todo o caminho das Iniciações, percorrido desde as fases probatórias até as radiantes etapas da liberação final do ser, é compreendido em sua correta proporção; perde a conotação pessoal que muitas vezes lhe é emprestada pela imaginação fantasiosa da mente humana ainda centrada em si mesma, e encontra sua exata posição no Todo do qual é parte.

Iniciação na atual fase de transição	Centro energético que é ativado	Fogo ativador
I	Plexo cósmico	fogo fricativo e fogo elétrico
II	Centro cardíaco direito	fogo fricativo e fogo elétrico
III	Centro cerebral direito	fogo fricativo e fogo elétrico
IV	Os três centros do consciente direito	fogo elétrico e fogo cósmico
V	Os três centros do consciente direito	fogo elétrico e fogo cósmico
VI	Mônada	fogo cósmico
VII	Regente-Avatar	fogo cósmico

Assim como anunciou Cristo há dois mil anos:

> *"(...) Eu vos disse em parábolas, mas virá o tempo em que não vos falarei mais por parábolas, mas abertamente vos falarei do Pai."* (João 16,25)

viria o tempo em que a Revelação seria dada abertamente aos homens da superfície da Terra, àqueles que se voltassem para a Luz e por ela clamassem. Esse tempo chegou, e a Verdade desvela-se de maneira única ao íntimo de cada ser que a ela se abre. O *Mistério da Existência Sublime* reflete-se nos espelhos internos do planeta, e, em luz e glória, rompe os véus que na superfície da Terra separam o homem da Realidade.

Epílogo

CRUZ E ETERNIDADE

A cruz e a senda iniciática

O símbolo da cruz é tão antigo quanto a própria humanidade. Não há período ou local definidos para sua origem; em todos os tempos ele esteve presente na cultura dos povos, e por intermédio dele o ser humano é estimulado a penetrar mistérios que o conduzem à essência da Vida.

Segundo o ensinamento esotérico, a cruz e a árvore da vida são símbolos equivalentes. Isso é frisado por HPB, ao afirmar que a figura de um homem crucificado representa "a circunstância de que o Iniciado *renascia* depois de sua *crucificação na Árvore da Vida*. Essa 'árvore' foi convertida, exotericamente, em *árvore de morte*, em conseqüência de seu uso pelos romanos como instrumento de tortura, e da ignorância dos primeiros organizadores cristãos[1]".

A cruz foi, é e será parte do caminho iniciático do ser humano. Nas escolas de mistérios da Grécia, do Egito, da Índia, da Caldéia, entre outras, ela esteve presente como *base para o renascimento do novo homem*. Os neófitos gregos, que recebiam o nome de

---

[1] A DOUTRINA SECRETA, Helena Petrovna Blavatsky, Vol. IV, Editora Pensamento.

Chrests (o homem das dores e tribulações), usavam o sinal da cruz ritualisticamente como elemento de aproximação à energia iniciática.

Através dos tempos, o símbolo da cruz derivou-se em miríades de formas; cada uma, imbuída de sua própria energia, exprime uma nuança da Verdade e da Luz espiritual que vivifica esse símbolo; encerra um diferente aspecto do grande mistério da vida, porém sempre veiculando um impulso de transcendência, de transmutação, de superação de um estado de consciência já alcançado para ingressar em outro, mais sutil. A cruz, qualquer que seja a sua forma, expressa o perfeito equilíbrio e a fusão de quatro forças básicas no âmbito deste universo, quatro elementos[2]:

- O elemento terra, que tanto pode prender o homem à matéria, com suas emanações, como ser a substância maleável para que ele molde a sua obra.

  Quando no passado usada para fins iniciáticos, em geral a cruz não era fixada verticalmente no solo, mas sim deitada sobre ele, de modo que o contato com a terra ocorresse igualmente em suas hastes, sem preponderância de nenhuma delas. Na crucificação do Cristo, a haste vertical da cruz firmada na terra, tendo sua extremidade superior voltada para o céu, simbolizava o início de uma etapa evolutiva que deve levar esses opostos ao equilíbrio. Nesse fato não se aplicam as leis da crucificação de um ser humano comum; o que ali ocorria era um processo oculto, de transmutação da essência material, possibilitando que um padrão energético superior se instalasse no planeta.

- O elemento água, que exprime maleabilidade e adaptabilidade. A energia nele presente, se corretamente compreendida,

[2] Existem quatro elementos que constituem a base material para a manifestação da vida: terra, água, fogo e ar. A esses elementos estão associados seres denominados elementais, que compõem a substância-vida dos níveis de existência, perfazendo um caminho evolutivo paralelo ao humano. Vide SEGREDOS DESVELADOS *(Iberah e Anu Tea)*, do mesmo autor, Editora Pensamento, 1992.

torna-se fator de equilíbrio, pois possui características curativas e purificadoras. Por meio do elemento água chegam à vida concreta impulsos fundamentais para que os seres humanos realizem, em si mesmos, purificações básicas à sua "crucificação", que é uma etapa mais avançada na qual uma transmutação mais profunda realiza-se no ser.

- O elemento fogo, que caracteriza a atual Raça[3] humana de superfície. Ardendo sobre a matéria, ele libera a luz encerrada na forma. É o elemento da redenção; símbolo de uma energia transformadora potente, desencadeia o processo de renascimento do ser "crucificado". O fogo está presente nas transformações que hoje ocorrem no planeta, e não há indivíduo que não tenha sido por ele tocado. Enquanto para alguns o contato com esse elemento aparenta ser fator de conflito, já que sua energia é a de remoção de cristalizações, para outros, os que empreendem a senda espiritual, é uma bênção.

- O elemento ar, que expressa uma energia que se encontra em grau vibratório próximo ao do éter. Por isso atua como um importante vórtice que conduz a vida formal a estados mais sutis. Atualmente, nem todas as nuanças desse elemento estão reveladas em plenitude à humanidade, pois é a próxima Raça, a Sexta, que será regida por Indra, o Senhor do Ar. Todavia, por ser ele o elemento qualificador do nível intuitivo, nível em que a essência causal dos seres humanos estará desperta após consumar-se a purificação planetária, na etapa vin-

---

[3] **Raça**. Etapa evolutiva específica do reino humano, caracterizada pelo desenvolvimento de aspectos próprios, determinados pelo arquétipo da humanidade. Por exemplo, no decorrer da manifestação da Raça lemuriana foi desenvolvido o corpo físico e o contato da consciência com o nível instintivo; na Raça atlante, o corpo emocional e o contato da consciência com o mundo dos desejos e dos sentimentos; na atual Raça ária, também denominada Quinta Raça, foi desenvolvido o corpo mental, incluindo a alma (que tem sua existência no mental abstrato), iniciando-se o processo de coligação com a vida monádica.

doura da Terra novas características do elemento ar se farão perceptíveis ao homem já sutilizado.

A possibilidade de esse elemento ancorar a energia de Primeiro Raio[4], Vontade-Poder, por exemplo, é pouco conhecida hoje; grande, porém, é o seu potencial de atuar como base de trabalho desse potente Raio, promovendo deslocamentos de energias e estruturas, mesmo no nível físico concreto. Essa característica apresenta-se nos furacões e outros fenômenos naturais provocados pelo vento, porém de modo ainda pouco evidenciado; com o início da sexta sub-Raça da Quinta Raça[5], entretanto, está sendo intensificado esse tipo de atuação do elemento ar.

As energias desses elementos vão sendo sintetizadas no decorrer do processo iniciático. Não é indicado ao homem buscar o controle sobre esses elementos; tal controle emerge espontaneamente, à medida que o ser desperta em níveis de consciência mais elevados, ao passar pelas sucessivas Iniciações.

No passado, quando o homem necessitava de instrumentos formais, concretos, como auxílio para a sua evolução, em certa Iniciação ele era atado a um leito em forma de cruz. Desse modo adormecia e, durante o sono, ocorria a "morte" dos aspectos involutivos

---

4 **Raios**. Energias básicas para a manifestação da vida em todos os níveis de existência. Cada Raio exprime nuanças próprias e age sobre a matéria segundo padrões específicos, nela despertando qualidades afins com sua energia. Há doze Raios cósmicos, dos quais o Segundo, o Raio do Amor-Sabedoria, é característico deste sistema solar e da Terra. Sobre a atuação de sete dos doze Raios no ser humano, vide A ENERGIA DOS RAIOS EM NOSSA VIDA, do mesmo autor, Editora Pensamento, 1987.

5 Uma Raça subdivide-se em sete sub-Raças, cada qual mantendo uma relação qualitativa com a Raça de número correspondente. Desse modo, a sexta sub-Raça nascente (sub-Raça da atual Quinta Raça), guarda uma coligação especial com a Sexta Raça futura.

ainda nele presentes, possibilitando o surgimento de uma energia mais sutil, que então passava a exprimir-se por seu intermédio.

O processo iniciático é composto do despertar da consciência do ser em sucessivos níveis, cada vez mais elevados; constitui-se, simbolicamente, de uma série de mortes e renascimentos.

Especialmente quando as Iniciações preliminares (a Primeira e a Segunda) já foram alcançadas, o ser passa a ter consciência de *Algo que vive* dentro dele, percebe a chama dessa Vida, principia a reconhecer sua unidade com ela e ao mesmo tempo a reverencia, pois nela encontra inscrita a insígnia da Irmandade da Luz. Vê que não apenas está coligado a essa Irmandade, mas que é parte dela, como gota de um imenso oceano, o oceano da Vida Una.

A partir do ponto em que essa chama reluz na consciência do Iniciado, todo o empenho dele é canalizado para a remoção dos obstáculos à expressão desse Fogo interior. Pela renúncia, a crucificação do que nele exista como elemento restritivo a esse processo é acolhida com gratidão.

A grande renúncia, efetuada pela alma, é o marco de uma importante Iniciação, a Quarta, e fortalece o canal de contato da Hierarquia com a humanidade.

A renúncia realizada por Cristo-Jesus, no horto de Getsêmani, dois mil anos atrás, não dizia respeito a uma Iniciação comum: o que se passou naquela ocasião abrangeu não apenas uma Consciência individual, mas toda a Hierarquia planetária. Por esse meio ficou selado o compromisso silencioso e invisível de redenção da vida material da superfície da Terra, compromisso vivido plenamente pelo atual Instrutor do Mundo, o Cristo, e assumido por toda a Hierarquia do planeta. Assim, a condução da matéria à renúncia, levando-a a render-se à vontade do Espírito, teve o seu princípio ativado de maneira especial por uma consciência cósmica, o Cristo, que imprimiu sua energia no íntimo de cada átomo físico numa voltagem até então desconhecida, e introduziu na vida terrestre de superfície a possibilidade de um dia ser receptáculo adequado para a chama divina.

Essa "crucificação", que teve início há dois mil anos, prossegue até os dias de hoje, por ter sido a abertura de um processo ainda não consumado; este, porém, aproxima-se de um desfecho , a partir do qual a Terra viverá uma etapa mais luminosa.

As três formas básicas da cruz

A ampliação de consciência pela qual o ser humano está passando deve conduzi-lo a um relacionamento mais maduro com a vida em todos os níveis de existência. Em decorrência dessa ampliação, estarão abertas para ele oportunidades de contato com realidades cada vez mais abrangentes e sutis, distanciando-o do enfoque egocêntrico tão marcante nos dias de hoje.

Certas chaves para essa mudança, transmitidas no passado[1] e ainda válidas no atual período de transição, correspondem a diferentes estágios evolutivos do homem e podem ser expressas por meio da simbologia de três cruzes:

- a cruz mutável ou cruz do Cristo ocultado;
- a cruz fixa ou cruz do Cristo crucificado;
- a cruz cardinal ou cruz do Cristo ascendido,

que, segundo DK, relacionam-se com a evolução humana da seguinte maneira:

---

[1] Vide ensinamentos do Mestre Tibetano, captados por Alice A. Bailey.

- **Cruz mutável**

Simboliza a faixa de energia na qual vibram os níveis de consciência que vão desde a do homem comum[2], até a daquele que principia a senda espiritual.

A mutabilidade da existência na forma tem, nessa cruz, um símbolo de força singular. A energia por ele espelhada rege a vida no mundo tridimensional; é o instrumento de impulso à purificação e organiza a matéria, nela evocando uma resposta à Luz.

Existe, porém, uma energia de vibração mais densa que pode ser associada a esse símbolo, energia que conduz os ambiciosos por caminhos obscuros, distanciando-os do contato com a Verdade. A figura que a representa é a cruz suástica, ou cruz gamada. O movimento de seus braços sugere a inconstância, a instabilidade que não permite à Luz interna revelar-se, e por isso tão perfeitamente representa "o Cristo ocultado", a energia do ser interior restringida em sua manifestação.

Entretanto, a suástica oriental:

exprime de maneira mais pura a natureza esotérica desse símbolo, já que os braços nessa representação indicam um movimento no sentido anti-horário, que significa a não confirmação do estágio mental do homem — pois o tempo cronológico é uma criação da mente. Essa cruz foi usada por muitos povos na Antiguidade como símbolo da salvação[3]. Portanto, na representação pura desse símbolo há uma energia superior, im-

[2] **Homem comum**. Aquele cuja consciência está identificada com a vida formal, iludida pelas aparências, e sujeita ao ritmo natural da evolução.

[3] Na obra deixada por HPB há uma vasta informação sobre o uso desse símbolo através dos tempos. Vide A DOUTRINA SECRETA, H. P. Blavatsky, Vol. IV, Editora Pensamento.

pulsionadora, sob a qual o homem caminha até o ponto em que desperta para a Verdade e voluntariamente entrega sua natureza humana à crucificação. A partir desse ponto, sobre ele reluz a energia da cruz fixa, a do Cristo crucificado.

- **Cruz fixa**

É o símbolo dos que receberam as três primeiras Iniciações e que, em nome da energia interior, se entregam à crucificação, à morte da matéria para o renascimento espiritual. É, portanto, o símbolo do sacrifício, da doação do ser para que toda a existência se torne sagrada.

Aquele que caminha sob a energia desse símbolo recebe suas benéficas irradiações no mundo tridimensional, onde atua em serviço ao Plano Evolutivo, e também no nível intuitivo e no espiritual.

A transição pela qual o planeta está passando corresponde à simbologia oculta na cruz fixa; por isso, no decorrer destes dois mil anos, foi essa a forma de cruz mais vivificada, eclipsando a cruz mutável (suástica) que qualificou períodos anteriores ao advento crístico. HPB diz que a cruz suástica está relacionada ao número 6. A partir desse dado, aqueles que conhecem o monograma de Cristo[4] poderão compreender algo mais a respeito do trabalho realizado por essa Consciência, que elevou o nível de energia da humanidade daquele correspondente à cruz mutável ao da cruz fixa.

---

4 O monograma de Cristo  assemelha-se a uma cruz de seis hastes.

Na essência da energia sintetizada na cruz fixa está o mistério da ressurreição.

Imanente ao ser que assume o caminho interior existe sempre uma predisposição para servir, e um empenho sincero para a realização de sua parte do Plano Evolutivo. Logo no início desse caminho ele percebe que para ser um instrumento eficaz da Hierarquia é preciso renunciar à natureza humana, calar os impulsos do ego; percebe que somente assim poderá acercar-se do reino da existência cósmica e encontrar a energia necessária para colaborar com os Irmãos Maiores no cumprimento do propósito planetário.

A imagem da cruz fixa foi exotericamente associada à morte, porém essa é uma faceta pouco luminosa da sua simbologia. Aquele que respondeu ao chamado interno pode encontrar em si mesmo aspectos mais amplos desse símbolo.

É preciso ter presente, todavia, que um símbolo é um concentrado de energia, e é a energia que deve ser buscada e contatada pelo ser humano. Sem esse ponto esclarecido, corre-se o risco de cair em mitificações e cristalizações em formas, o que acarretaria o embotamento da mente e uma dependência cada vez maior de instrumentos externos. O verdadeiro buscador da Luz sabe que seu caminho é fundamentado na libertação de estruturas, e que conduz a vida à imaterialidade. Portanto, tudo aquilo que puder limitar a sua consciência às formas deverá ser visto por ele com cautela.

A experiência indica que, principalmente no início do caminho, é preciso cultivar diligentemente disciplina e ordem externa, permitindo que a harmonia encontre uma base concreta para se expressar; posteriormente, essa disciplina e essa ordem tornam-se parte da vida, não sendo mais necessário um esforço consciente para expressá-las. Onde há desordem e impureza, a luz tem sua manifestação cerceada. Portanto, o aspirante desavisado não deveria confundir descuido com a liberdade interna trazida pela vida espiritual.

- **Cruz cardinal**

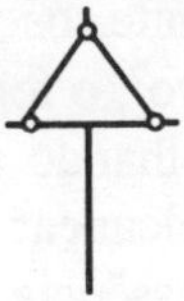

Esse símbolo vela o caminho daqueles que comungam da essência da Hierarquia. Expressa principalmente a vontade do ser unificada à Vontade da Fonte de Vida. É, portanto, a cruz do Cristo ascendido.

A senda ascendente, levando à unificação dos três aspectos do ser (a luz da atividade inteligente, o amor-sabedoria e a vontade-poder), está bem caracterizada nesse símbolo, que impulsiona a integração à vida cósmica e em cuja energia está uma das chaves de ingresso na consciência do Centro Regente[5] do planeta. Representa, também, o processo pelo qual a Onipotência é conseguida por uma Consciência que já expressa a Onipresença e a Onisciência.

* * *

Hoje, por meio da simbologia dessas três cruzes pode-se reconhecer nuanças importantes da interação de três núcleos planetários básicos: a humanidade, que corresponde à cruz mutável; a Hierarquia, que corresponde à cruz fixa; e o Centro Regente do planeta, Miz Tli Tlan, no qual está ancorada a energia do Senhor do Mun-

---

[5] **Centro Regente**. A regência espiritual do planeta ancora-se em núcleos internos, existentes nos níveis suprafísicos: os Centros intraterrenos. Um deles rege os demais, e nele a Consciência do Logos planetário está especialmente focalizada. Na atual etapa, o Centro Regente é Miz Tli Tlan. Vide MIZ TLI TLAN - *Um Mundo que Desperta*, 1989; e também SEGREDOS DESVELADOS *(Iberah e Anu Tea)*, do mesmo autor, Editora Pensamento, 1992.

do[6], que corresponde à cruz cardinal. Além disso, essas três cruzes caracterizam, respectivamente, os três fogos atuantes na manifestação da vida: o fogo fricativo[7], o fogo elétrico e o fogo cósmico.

A humanidade, espelhando a energia da cruz mutável, deve, no curso de sua evolução, alcançar o controle do fogo fricativo e realizar a perfeição oculta na essência da matéria, conduzindo-a assim a um padrão de elevada organização interna e de acolhimento da Luz espiritual.

Os homens de um modo geral já deveriam ter alcançado o controle do fogo por fricção. Se tivessem atingido níveis de confiabilidade, a eles teriam sido entregues chaves para o domínio desse fogo, e seu aprendizado hoje transcorreria no âmbito dos fogos elétrico e cósmico. Embora isso só vá acontecer globalmente após a consumação da atual transição planetária, aqueles que conseguem sintonizar-se com o nível de energia em que essas realidades existem, delas participam independentemente do que agora se passa na vida externa da Terra.

A Hierarquia, núcleo de consciência planetário que reflete a energia simbolizada pela cruz fixa, já realiza, com alto grau de perfeição, o trabalho inerente ao fogo elétrico: o relacionamento harmonioso de forças opostas, de modo que dessa interação possa surgir a centelha vivificadora da matéria. O serviço prestado pela Hierarquia no decorrer dos tempos plenificou-se nessa energia, e a atual transição testifica o seu ingresso em circuitos extraplanetários, nos quais o fogo cósmico é o principal elemento construtor[8].

O Centro Regente do planeta corresponde à energia da cruz cardinal, que espelha a plena união com a vida cósmica. O fogo cósmico é o instrumento de serviço das Consciências que manifestam a

---

6 **Senhor do Mundo**. Consciência excelsa, canal direto para a irradiação do propósito subjacente à Vontade logóica em âmbito planetário.

7 O fogo fricativo, ou fogo por atrito, tem como qualidade o movimento — daí a forma da cruz mutável.

8 Vide SEGREDOS DESVELADOS *(Iberah e Anu Tea)*, do mesmo autor, Editora Pensamento, 1992; e A CRIAÇÃO *(Nos Caminhos da Energia)*, idem.

energia inerente a esse símbolo; outras expressões ainda mais elevadas do fogo, imateriais, vão sendo por essas Consciências apreendidas no decorrer do serviço que prestam.

A próxima etapa da Terra revelará o símbolo correspondente ao fogo imaterial. Durante o desenvolvimento dela, a humanidade interagirá com o fogo elétrico em um grau que lhe possibilitará utilizá-lo como instrumento de serviço, e avançará no aprendizado do contato com o fogo cósmico. Assim, ela ultrapassará completamente o nível da cruz suástica, e poderá manifestar a energia simbolizada pela cruz fixa.

Outros serão, também, os símbolos correspondentes à Hierarquia e ao Centro regente da Terra na fase vindoura, já que esses núcleos planetários estarão lidando com fogos mais potentes do que aqueles com os quais trabalham hoje.

Importantes coligações interiores com planetas, estrelas e constelações deverão ser efetivadas pela humanidade de superfície. Tais fatos aguardam que a consciência humana atinja níveis vibratórios mais elevados, bem acima daquele que a leva a considerar sua própria existência como ponto principal de concentração de energia.

A cruz na etapa vindoura da Terra

As diversas formas da cruz expressam energias de diferentes níveis de consciência. A definição dessas formas não é aleatória: ela é captada por Iniciados em sintonia com núcleos arquetípicos que regem a evolução da humanidade e do planeta.

O símbolo da cruz foi muitas vezes utilizado no passado como estímulo ascensional aos que se aproximavam de uma Iniciação. É sabido que mesmo o sinal da cruz, hoje adotado pelas religiões e seitas cristãs, é herança de ritos iniciáticos antigos; porém, nesses ritos, a realização do sinal da cruz pelo iniciando era seguida de uma série de mantras de alto grau de pureza, mantras diferentes dos cânticos hoje usados em alguns cultos dessas religiões e seitas.

Um símbolo não será desvirtuado, ao ser captado, se o indivíduo que atua como canal tiver transcendido as limitações impostas pela matéria densa, mesmo que apenas nos momentos especiais da captação, quando sua consciência é absorvida pela aura de uma Hierarquia.

A concepção de um símbolo tem raízes em níveis imateriais de existência, e muitas correntes de energia atuam na definição da sua forma. Quanto mais elevada estiver focalizada a consciência daquele que capta o símbolo, mais pura será a imagem que se projetará em seu espelho interior. Em geral, se a forma captada não espelhar a essência de uma energia imaterial, essa forma tenderá à desvitalização, pois estará vazia de realidade.

Quando um símbolo é trazido ao conhecimento dos seres humanos por indicação da Hierarquia, ele vem realizar um trabalho energético também nas camadas materiais do planeta. Nesses casos, traz consigo a vibração de padrões de conduta superiores que devem ser apreendidos pela humanidade.

Cada ciclo exprime energias próprias, e compõe-se de padrões correspondentes a arquétipos específicos, que devem atualizar a manifestação da vida. Assim, por sua grande capacidade de conter energias abstratas e sintéticas, os símbolos são instrumentos especialmente importantes para a estimulação dos padrões a serem implantados a cada nova etapa evolutiva.

Sempre que há uma mudança no processo ascensional da vida planetária, novos símbolos são vitalizados nos níveis internos e as consciências despertas nesses níveis dedicam-se a irradiar continuamente a energia contida nesses símbolos, transmitindo-a aos que estejam abertos a recebê-la. Desse modo, a manifestação de etapas futuras é preparada nos planos sutis.

É preciso ter presente que um símbolo é a veste de uma energia interior, e que a meta deve ser o contato com a energia em si, com a essência, e não com a forma que a abriga. Seria um enorme retrocesso para a humanidade se, na época atual, o ser humano se entregasse ao culto às formas. Quanto mais profundamente é conhecida a verdade, mais destituída de vestes ela se revela.

Hoje, muitos indivíduos percebem, ainda que de maneira difusa, uma estimulação interna de padrões e realidades que se manifestarão em plenitude apenas na fase vindoura do planeta. Essa estimulação pode chegar a ser percebida por meio de símbolos, porém o mais importante é que esteja sendo captada.

O destino de todos é se unificar ao Núcleo supremo que lhes deu vida, e irrevogável é a Lei que os fará um dia fundir-se nessa

Fonte infinita que age por meio de energias sublimes, dotadas de sabedoria e equilíbrio.

Todavia, é possível que um indivíduo, não tendo encontrado na vida comum respostas para seus clamores internos, assuma uma atitude negativa, rendendo-se às forças da desagregação e do caos. Apesar de ser evidente que para instalar-se na Terra a *Nova Vida* será preciso que as velhas estruturas cheguem à completa ruína, e apesar de ser também evidente que delas pouco ou nada se pode aproveitar para a criação de uma existência mais elevada, há uma grande diferença entre aderir ao trabalho de energias de Luz, energias de purificação, e deixar-se envolver por forças desagregadoras, cujo propósito é a extinção da chama de vida onde lhes seja possível atuar.

Um ser que aspira contribuir na implantação dos *novos tempos* deverá ter controle sobre os impulsos involutivos em si mesmo. Perceberá então que o trabalho de implantação de novos padrões ocorre em diferentes esferas:

- Individual. Dá-se na medida em que o ser realiza em si mesmo as metas que esses novos tempos devem consumar na vida externa da Terra. A ação isolada de um indivíduo pode parecer de pouca repercussão em âmbito planetário; porém, internamente associada à daqueles que atuam em conformidade de propósitos, pode mover montanhas. A doação de cada indivíduo é o fermento que silenciosamente faz levedar toda a massa.

- Grupal e Planetário. Dá-se devido à possibilidade de exteriorização dos Grupos Internos[1], que formam a base para a penetração da energia superior na parcela inframonádica da vida planetária.

---

[1] **Grupos Internos**. Vide rodapé da página 28. Vide também SEGREDOS DESVELADOS *(Iberah e Anu Tea)*, do mesmo autor, Editora Pensamento, 1992; e A CRIAÇÃO *(Nos Caminhos da Energia)*, idem.

Não são indivíduos atuando isoladamente os elementos estimuladores das grandes transformações previstas para o mundo, mas os Grupos Internos, que se refletem nos planos materiais.

A aproximação da energia dos Grupos Internos à vida de superfície e o fato de a Lei de atração magnética estar incidindo poderosamente sobre toda a Terra favorecem a formação de grupos no mundo material. A tarefa desses grupos é espelhar realidades sutis e testificar a existência dos Grupos Internos, que são caracterizados por qualidades de energias bem definidas e regidos por Consciências de grande evolução vinculadas ao Núcleo condutor da vida planetária, o Logos planetário, que age por intermédio do Senhor do Mundo.

A formação, no mundo material, de um grupo que seja prolongamento da energia de um Grupo Interno decorre da resposta de cada um dos seres que o devem constituir. A expressão desses seres deve estar isenta da rigidez de conceitos mentais cristalizados, conceitos que tolham a sua integração na própria verdade interna. Um prolongamento de um Grupo Interno não tem como fim a expressão da fraternidade humana somente, mas a comunhão de cada ser com a vida interior, onde se encontra a essência dessa fraternidade e, mais que isso, a sabedoria da verdadeira União, que é impessoal.

Os grupos que nos níveis materiais constituem esses prolongamentos surgem a partir da unificação de seus membros em torno de uma meta espiritual cuja energia, previamente conhecida no interior de cada indivíduo, é o que lhes dá vida e razão de ser.

Encontrando abertura e flexibilidade nos indivíduos, os prolongamentos dos Grupos Internos emergem, refletindo um padrão de ordem e harmonia que supera o de realizações meramente humanas. Estimulam a eliminação do supérfluo, aproximando os seres da simplicidade, base sobre a qual deve erigir-se a verdade do Espírito. Surgem do interno para o externo, do ardor da chama espiritual que procura expressar-se num mundo que aparentemente a repele. Portanto, sendo assim formados e mantendo-se diligentemente na pureza de sua origem interna, esses grupos se aproximarão da Consciência daquele que é o Instrutor do Mundo, o Cristo, e que vela pela evolução de toda a humanidade.

No que se pode figurativamente chamar de *corpo* dessa elevada Consciência estão acesas as chamas dos doze Grupos Internos do planeta, e pela atuação de sua energia eles são vivificados e nutridos, ao mesmo tempo que, pela própria radiância, atestam a potência desse *corpo*.

Na atual transição planetária, assim como na etapa evolutiva que se encerrou em 8.8.88, o Cristo, o Instrutor do Mundo, é o que estimula e prepara os seres humanos para integrarem os Grupos Internos, e é também o Hierofante[2] nas duas primeiras Iniciações. Nas Iniciações de terceiro a quinto grau, é o Logos planetário que realiza esse trabalho, por intermédio de excelsas Consciências hoje presentes na órbita da Terra. Na atual transição planetária vive-se uma conjuntura especial, um tempo de grandes oportunidades. Ao integrar as Escolas Internas[3], o ser é totalmente acolhido pela vida solar e o próprio Logos deste sistema conduz a sua Sexta Iniciação, por meio de intermediários específicos.

A Terra futura se manifestará sob a luz dos Grupos e das Escolas Internas. Cada ser humano terá estabelecida a sua filiação ao Grupo Interno que lhe corresponde; possibilidades de contato mais amplas estarão abertas à humanidade e, para que uma nova ordem se instale plenamente, a seqüência das Iniciações passa por ajustes.

A Terra está alcançando sua Quarta Iniciação, o que, também em âmbito planetário, caracteriza-se pela Renúncia e pela Crucificação. Por isso, o símbolo da cruz é tão atual para esta época, independentemente de suas conotações religiosas deterioradas por interpretações errôneas. Quando a consciência humana rompe os véus de

---

[2] **Hierofante**. Elevada Consciência que atua como Iniciador, no processo iniciático que ocorre por estimulação "externa", como é o caso do que se desenvolve na Terra. A seu cargo está a condução da energia que flui no momento da Iniciação, de modo a ativar centros energéticos específicos do iniciando.

[3] **Escolas Internas**. Vide rodapé da página 73.

ilusão que a separam do Real, onde antes havia estagnação ela vislumbra a eternidade. Assim, a haste horizontal da cruz fixa, que a princípio pode ser compreendida como símbolo da inércia material, revela-se como imutabilidade da vida eterna — o grau de compreensão depende do nível de consciência no qual o ser está polarizado.

Com o despertar do nível monádico, que se torna acessível a um maior contingente de seres, a cruz cardinal está sendo substituída por um símbolo que traz a energia do nível divino, patamar a partir do qual principia a existência do Regente-Avatar. Essa energia é uma chave que abre as portas dos mundos imateriais, e o símbolo que a espelha tem sintonia com um aspecto mais interno e esotérico de Miz Tli Tlan[4].

A substância dos diversos níveis de consciência, já sob nova estruturação[5], qual um manto pronto para acolher uma vida que principia trará em si a maleabilidade que a contínua fluência de energias sutis requer. Bem mais ampla e consolidada estará a interação da Terra com o universo no qual está inserida. As energias intra e extraplanetárias presentes em cada Grupo Interno serão mais facilmente reconhecidas.

A época atual, época de transição, é o arauto de um novo tempo. As cruzes que até agora simbolizaram os diversos núcleos de consciência planetários se revelarão sob outras vestes no ciclo vindouro, pois as mudanças de energia requerem atualização das formas que as representam. Cabe ao buscador da Verdade, no silêncio do ser, abrir-se à irradiação desse novo tempo; se sua tarefa assim determinar, encontrará dentro de si as imagens simbólicas correspondentes a essa irradiação.

---

[4] Vide MIZ TLI TLAN - *Um Mundo que Desperta*, do mesmo autor, Editora Pensamento, 1989.

[5] Os níveis de consciência nos quais a vida planetária se expressa estão passando por uma reordenação, o que se reflete diretamente na constituição dos corpos do ser humano. Vide SEGREDOS DESVELADOS *(Iberah e Anu Tea)*, do mesmo autor, Editora Pensamento, 1992.

A consciência humana hoje não é a mesma do século passado, tampouco a de milênios atrás. O avanço que se conseguiu em muitos aspectos da vida planetária testemunha a absorção de impulsos internos pela humanidade, impulsos que determinam o aparecimento de novos símbolos capazes de expressar o nível de consciência adquirido pelos seres receptivos à Luz. Devido à heterogeneidade ainda presente na Terra, só no ciclo futuro esses novos símbolos poderão ser captados com clareza pelo homem; porém, a ele é possível, desde já, contatar as benéficas irradiações dessas energias sublimes.

* * *

Mensagem crística

Estive entre vós, e não me reconhecestes; dirigi-me a vós, mas pouca atenção me destes. Todavia, agora volto a vos falar; apresento-me em vosso interior, venho cumprir o que foi prometido a esta humanidade.

Não há recôndito do infinito universo cósmico que não esteja presente na excelsa consciência do Pai; a Criação inteira é parte do Seu Ser, Sua Vida sustém todas as partículas existentes.

Não me ausentei deste planeta; tampouco do vosso interior. Somos, eu e vós, uma mesma vida, uma única consciência. O mundo fenomênico desdobra-se em múltiplas faces, a vida essencial integra-se ao âmago do Grande Sol Central.

Acolhei minha Presença como aquele que tem sede toma da água que milagrosamente lhe é dada em meio do deserto; deixai que o fermento da gratidão faça crescer a massa que em vosso interior prepara-se para ser moldada e, sob o calor do Fogo do Espírito, transformar-se no Pão da Vida.

Esse será o alimento que devereis dar aos irmãos que seguindo os vossos passos percorrem esta Senda. Cruzastes um Portal, passastes pelas provas necessárias, deveis agora prosseguir com firmeza. Novas provas tereis. Elas vos farão crescer, são parte do vosso aprendizado.

Venho a vós para conduzir-vos à vossa verdadeira Morada. Deixai fenecer a ambição, as secretas expectativas de crescimento espiritual. Sou vosso Instrutor, sou o Instrutor dos homens e dos Anjos.

Abençôo-vos na senda das Iniciações, caminho estreito, reservado aos que na pureza da entrega deixam-se morrer para o mundo. Estes nascem em Glória, e recebem as vestes que no Reino Celestial os identificam como Portadores da Grande Luz.

Vosso ser é a lâmpada. Eu sou a Luz irradiada pela chama de Vida do Pai, que em vosso interior arde. Acerca-se o dia em que não apenas estarei a chamar-vos ao coração, mas teremos nos unificado em um só corpo. Grande é a glória dos tempos que se aproximam. Guardai no silêncio essas palavras. Estais a caminho do Encontro.

O Ressurgimento de FÁTIMA

(Lis)

Trigueirinho

O Centro espiritual de Fátima ressurge para cumprir uma nova etapa. Após ter-se expressado no passado, chegando a promover a cura em milhares de pessoas, volta a conectar-se com os que se mantêm sintonizados com o Propósito de sua existência.

Fátima terá um papel fundamental nos momentos caóticos que se anunciam.

À medida que a consciência dos seres se sintoniza com as vibrações desse potente núcleo, seu trabalho vai-lhes sendo revelado. Para que isso ocorra não é preciso pertencer a grupos organizados ou formar seitas, pois trata-se de um processo essencialmente espiritual e interior.

Um livro que abalará os conceitos ortodoxos sobre um dos maiores centros espirituais do mundo.

EDITORA PENSAMENTO

História Escrita nos Espelhos

Princípios de Comunicação Cósmica

Trigueirinho

Nos antigos mosteiros tibetanos havia um trabalho consciente de comunicação com o cosmos, que envolvia os planos sutis extraplanetários e que usava como receptores, transformadores e transmissores, as energias, as entidades e os seres de diferentes planos de vida – desde o físico até os imateriais.

Vários povos antigos também desenvolveram importantes coligações extraterrestres e colaboraram na estruturação de contatos extra-sistêmicos. As Américas aguardaram, preservadas, a chegada de sua maturidade energética, para que no momento cíclico correto sua tarefa pudesse emergir de forma pura – o que está começando a acontecer agora.

No passado esse trabalho era hermético para a humanidade em geral, mas na futura Terra haverá maior participação nele por parte dos indivíduos da superfície do planeta.

Hoje os maiores Centros-Espelho planetários são intraterrenos, e cabe a eles o treinamento silencioso, interno e quase imperceptível dos novos e atuais candidatos para esses trabalhos.

Este livro pioneiro aborda esse tema por meio da experiência direta de um grupo, e oferece importantes chaves aos que têm afinidade com essa sublime rede de comunicações: os Espelhos do cosmos.

EDITORA PENSAMENTO

3ª edição

GLOSSÁRIO ESOTÉRICO

TRIGUEIRINHO

Com mais de mil verbetes acerca do que se passa na Terra e no ser humano nesta época de transição, esta obra vai ao encontro tanto dos que estão despertando para a vida interior, quanto dos que já aderiram a ela.

Esclarece aos que buscam a verdade e anseiam penetrar o lado desconhecido da existência humana, planetária e cósmica.

Mostra que enquanto se colhe a semeadura de ciclos passados, planta-se a vida futura na Terra.

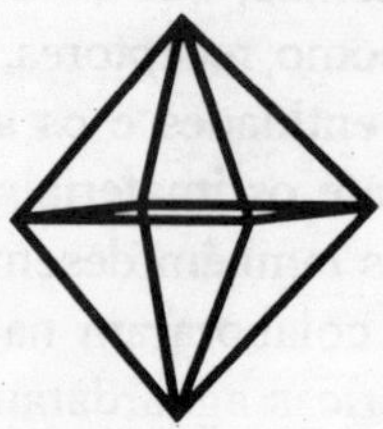

ALQUIMIA, MISTICISMO, LOGOS PLANETÁRIO, ANARQUIA DIVINA, RAIOS, RELIGIÃO, GRUPOS INTERNOS, ANDROGINIA, APARIÇÕES DA VIRGEM, ASTROLOGIA, SONHOS, ENERGIA SEXUAL, BASE DE OPERAÇÕES, CENTRO DE MISTÉRIOS, ARCANJO, NAVE ALFA, NAVE-LABORATÓRIO, SAINT GERMAIN, CENTRO DE TRASLADO, TRANSMUTAÇÃO, ANTIMATÉRIA, TRANSMIGRAÇÃO, REINO ANGÉLICO, HIERARQUIA INTERNA DA TERRA, CENTROS ENERGÉTICOS DO PLANETA, DIMENSÃO, AURA, CORPO GRUPAL, ELEMENTAIS, MÔNADA, CENTROS ENERGÉTICOS DO SER, CONE SUL, ENSINAMENTO ESOTÉRICO, CONFEDERAÇÃO INTERGALÁTICA, CRISTO, CORPO DE LUZ, ESPELHOS DO COSMOS, CULTURA, ETAPAS EVOLUTIVAS DO HOMEM, LEMÚRIA, MAGNETISMO, LEI DO CARMA, CENTRO INTRATERRENO, EXTRATERRESTRES, OPINIÃO PÚBLICA, UFO, VIDA DIVINA, FRATERNIDADE CÓSMICA, NÍVEIS ARDENTES, FILHOS DAS ESTRELAS, OPERAÇÃO RESGATE, IMPULSOS CÓSMICOS, INICIAÇÃO, RESSURREIÇÃO, IGREJA, FRATERNIDADE DO MAL, TRIÂNGULO DAS BERMUDAS, RONCADOR, RAÇA, MANTRAS, DEVA, MEDICINA, MEDITAÇÃO, PASSAGENS INTERDIMENSIONAIS, PIRÂMIDE, PESQUISAS EXTRATERRESTRES, MEMÓRIA, POLARIDADE FEMININA DO PLANETA, PROFECIA, APOCALIPSE, ATLÂNTIDA, PSICOLOGIA ESOTÉRICA, MAGIA, ASHRAM, SIGNOS CÓSMICOS, AVATAR, ESSÊNIOS, etc.

Pensamento

SEGREDOS DESVELADOS

(Iberah e Anu Tea)

Trigueirinho

O estudo sobre a humanidade do passado, sua história, seu elacionamento com energias sutis, suas escolhas e sua queda, bem omo as conseqüências do caminho da procriação sexuada por ela eguido, sempre suscitou interesse, já que nesse percurso encontram-e chaves para as etapas futuras do homem. Colhidas dos arquivos xistentes nos níveis suprafísicos, novas revelações acerca desses mis-érios são aqui apresentadas.

Neste livro também é abordado o trabalho de Centros plane-ários espirituais, núcleos de energias aos quais estão coligadas as civi-zações intraterrenas. Tais Centros custodiam o contato do ser hu-iano com verdades eternas e oferecem condições para que a Terra, m sua evolução, encaminhe-se ao seu destino cósmico.

A atuação de sete desses Centros é de fundamental importância os nossos dias: por intermédio deles é irradiada a energia que ativa as ansformações que irão possibilitar a manifestação de uma nova erra. Ademais, propiciam ao ser as Iniciações que lhe permitem uperar limites humanos e terrestres e fundir-se em realidades sutis e nateriais. O processo iniciático, conforme está em vigor nesta época e transição, é aqui tratado de modo claro, em oferta aos que se ispõem a trilhar esses sagrados caminhos da vida interior.

Editora Pensamento

A CRIAÇÃO

(Nos Caminhos da Energia)

Trigueirinho

À medida que este ciclo planetário aproxima-se do seu desfecho, revelações mais amplas são trazidas à humanidade. Este livro liga o Ensinamento transmitido pela Hierarquia espiritual no passado àquele que pertence à fase futura do planeta, trazendo importantes chaves para a compreensão das expansões de consciência que hoje ocorrem concomitantemente no homem, na Terra e no Cosmos.

Sem apresentar conceitos rígidos ou definições que confirmem as expectativas do viver comum dos homens, seu conteúdo está a serviço dessa evolução espiritual, isentando-se o mais possível das tendências mentais vigentes na atual civilização da superfície da Terra. Nele, tanto o aspirante quanto o Iniciado poderão encontrar alimento novo e útil.

A CRIAÇÃO, conduzindo o leitor *nos Caminhos da Energia*, torna-se espelho da realidade interior por ele vivida, desvelando-lhe nuanças de um processo profundo, cósmico, no qual está inserido.

Editora Pensamento